古代先贤论历史人物

韩希明 译著

党建读物出版社

前言

古往今来，历朝历代，都不乏以天下为己任的读书人，他们有的身处乱世，从自身困境出发忧心国事；有的常伴君侧、苦心劝谏，置个人生死于度外；有的于盛世繁华中洞见危机。他们纵论古今、指点江山，挖掘史实、品评人物，试图为天下永世太平开出一剂绝妙良方。本书所选篇目是古代先贤从历史人物事迹入手而引申阐发的思考和议论。

本书共选录二十位古代先贤评点历史人物的二十五篇史论。二十位作者中，一类是朝廷或地方官员，如汉代的司马迁，唐代的朱敬则、潘好礼、独孤及、白居易，五代的牛希济，宋代的欧阳修、王安石、苏轼，明代的方孝孺、唐顺之、王世贞；一类是终其一生以读书著述为主业的学人士子，如宋代的苏洵，清代的顾景星、魏禧、王夫之、管同、梅曾亮、周树槐。还有一位唐代的程晏，生平不详，无事迹留存，历史上仅存文集。前述作者中，曾经为官的，身处官场，洞悉政治，了解朝廷及吏治的现状；终身不仕的，潜心研读，冷静探究历史人物的功过是非。他们的共同特点是研思深邃，其议论更为深刻犀利。

被评点的历史人物分属以下三类。一类为君王，如汉高祖、汉宣帝、陈后主、唐太宗等；一类为王公将相，如管仲、孟尝君、信陵君、张良、范增、蒯通、晁错、李广、程不识、李陵、蔺相如、萧何、蔡邕、崔烈、徐有功等；一类为志士仁人，如屈原、季札、贾谊、韩非等。

二十五篇史论，长则千言，短则百余字，带领读者洞察历史风云。其中，部分篇目所阐述的观点代表并引领了对这些人物评价的舆论方向，如司马迁评屈原、潘好礼评徐有功、牛希济评崔烈、欧阳修评唐太宗、苏洵评项羽、魏禧评张良，等等。而在有些篇目中，作者不拘泥于历史人物的盖棺定论，也没有人云亦云，而是深入剖析当时的社会背景，总结历史教训，做了翻案文章，如独孤及评季札、程晏评曹参、苏洵评管仲、王安石评孟尝君、苏轼评贾谊、方孝孺评豫让、唐顺之评信陵君、王世贞评蔺相如、顾景星评蔡邕、王夫之评汉宣帝、梅曾亮评韩非、周树槐评汉高祖，等等，其中不乏饱含深邃思想的惊世骇俗之论，也有若干篇目表现了作者的书生意气，略有偏激之言。

历史已经验证了古代先贤史论的真伪正误。千百年历史进程之下，古代名人开具的有些药方颇有灵验，而大部分药方未能奏效。因为历史和时代的局限，这些史论的作者忽略了治国安邦的决定因素是国家制度和民心向背，他们试图阻止奔向覆灭深渊的惊马，却不知道自己的坐骑也是注定要殊途同归的。

本书收录的文章，也是中华优秀传统文化的集中体现。古代先贤强调，想要社会长治久安，在大是大非面前，在生死抉择之时，不研究生存技巧，不讨论韬晦策略，必须要矢志不渝忠君爱国，要竭诚尽忠为民，要坚持不懈强化自身道德修炼，要执纪严格、守规分明。这些，都是福泽后人的思想瑰宝。

历朝历代总有大批仁人志士，忧心国家和民族的安宁繁荣，探究前代兴替之道，品评人物功过是非，积极建言献策，而留存下来的良言妙论也是汗牛充栋。本书所选仅是吉光片羽。作者才疏学浅，所作编译点评等工作，难免存在谬误，敬请读者师友批评指正。

目录

屈原列传*

〔西汉〕司马迁

【作者简介】

司马迁（约前145或前135—？），字子长。西汉史学家、文学家、思想家，世称史迁、太史公。周宣王时代，司马家族就曾担任主管天文地理的官职，后来司马家族分散开来，在秦国的一支世代被朝廷任用，到司马迁的父亲司马谈，成为汉武帝即位后的第一任太史令。司马谈临终时嘱咐

* 本文节选自《史记·屈原贾生列传》，题目为编者所加，原文夹叙夹议，与后世史论相近，故收入本书。已删去其中与司马迁论屈原无关的内容。

司马迁续写史书，记载明君贤臣的事迹。司马迁早年勤学，二十岁时游历天下，曾到会稽山探访禹穴，到九嶷山考察舜的遗迹，到齐鲁之地观察孔子教化民众的遗风，后来还曾以郎中身份出征巴蜀。司马谈去世后三年，司马迁继任太史令，开始在国家藏书处“金匮石室”研读，整理历史资料。汉武帝天汉三年（前98年），也就是司马迁开始撰写《史记》的第十年，因极力为投降匈奴的汉将李陵辩说，触怒武帝，获罪下狱，受宫刑，司马迁为完成《史记》，忍辱苟活。出狱后任中书令，发愤著书，终于完成了中国最早的纪传体通史《史记》，又称《太史公书》。全书共一百三十篇，五十二万六千五百字。东汉班固《汉书》评价《史记》：“辩而不华，质而不俚，其文直，其事核，不虚美，不隐恶，故谓之实录。”

【文中人物简介】

屈原（约前340—前278年），芈姓，屈氏，名平，字原，又自云名正则，字灵均，出生于丹阳秭归（今湖北宜昌），战国时期楚国诗人、政治家。主张联齐抗秦，提倡“美政”，曾在君王左右参与政事、起草诏令，受到贵族集团子兰、靳尚等人的攻击，遭谗而去职，被放逐到汉北（今湖北省西北部）。楚国国势日益衰微，怀王晚年，不听屈原劝阻，在子兰等人怂恿下，赴秦讲和，被秦扣留，客死于秦。顷襄王继位后，屈原批评旧贵族集团误国，再次被放逐到江南一带。他对国家前途忧心如焚，痛恨奸佞误国，不肯与恶势力同流合污，顷襄王二十一年（前278年），秦将白起攻破郢都，屈原极度悲愤绝望，相传在农历五月初五自沉于湘水附近的汨罗江。

屈原的作品，《史记·屈原列传》中提到有《离骚》《天问》《招魂》《哀郢》《怀沙》五篇。《汉书·艺文志》载"屈原赋二十五篇"，但未列出具体篇目，东汉王逸认为《离骚》、《九歌》（十一篇）、《天问》、《九章》（九篇）、《远游》、《卜居》、《渔父》等二十五篇为屈原作品。所列篇数与《汉书·艺文志》相合，但对《招魂》一篇尚有异说。事实上，根据学者研究，《卜居》《渔父》并非屈原所作。屈原的代表作《离骚》是中国诗歌史上最早的长篇抒情诗，通篇洋溢着爱国热情，体现了为理想而斗争的精神。

屈原本来属于楚国贵族，在上流社会生活过很长一段时间。他文化素养高，参与过朝廷的重大政事活动，受到中原文明的影响；他后来被放逐的经历，加上楚国独有的文化特质，又有南方地域的山水形胜与自己文化精神的相互激发、高度融合，使得屈原的作品闪烁着异样璀璨的光芒，照耀着中国文学史。

屈原终其一生，竭尽才智为实现理想而奋斗，但是社会黑暗，他遭受的阻力实在过于强大，理想破灭，他不愿意调和，不接受明哲保身的中庸之道。因为爱楚国，忠于楚怀王，他不可能为了高官厚禄离开家乡到别处去；因为舍不得楚国人民，他也不可能遁隐山林；为了保持自身高洁的品格，他选择了投江自沉。

【**题解**】

《屈原列传》节选自《史记·屈原贾生列传》。作为政治家，屈原、贾谊都想要为治国平天下奋斗终身；作为文学家，屈原、贾谊都享有盛名、著作颇丰；他们都曾受到过君王的重视，但都未能充分施展政治才华，都怀才不遇，遭受贬谪。司马迁在凭吊屈原遗踪时，曾感慨落泪，也许是贾谊写的《吊屈原赋》又引起他的无限感慨，因而将屈原、贾谊合写一传。《史记》这篇传记，是迄今为止发现的记载屈原生平事迹最早、最完整的文献。

《屈原列传》全文记叙了屈原的生平事迹和政治上的不幸遭遇，事迹简略，文笔沉郁顿挫，反复咏叹，夹叙夹议，赞美了屈原的爱国精神、政治才能和高尚品德，批评了楚怀王的昏庸，揭露了上官大夫、令尹子兰的阴险。本文主要节选了司马迁评论屈原的内容，可以从中感受到司马迁以强烈的感情歌颂了屈原卓越超群的才华和他对理想执着追求的精神。

【原文】

屈原者，名平，楚之同姓[①]也。为楚怀王[②]左徒[③]。博闻强志，明于治乱，娴于辞令。入则与王图议国事，以出号令；出则接遇宾客，应对诸侯。王甚任之。

上官大夫[④]与之同列，争宠而心害其能。怀王使屈原造为宪令，屈平属草稿未定，上官大夫见而欲夺之，屈平不与，因谗之曰："王使屈平为令，众莫不知。每一令出，平伐其功，曰以为'非我莫能为也。'"王怒而疏屈平。

屈平疾王听之不聪也，谗谄之蔽明也，邪曲之害公也，方正之不容也，故忧愁幽思而作《离骚》[⑤]。离骚者，犹离忧也。夫天者，人之始也；父母者，人之本也。人穷则反本，故劳苦倦极，未尝不呼天也；疾痛惨怛，未尝不呼父母也。屈平正道直行，竭忠尽智以事其君，谗人间之，可谓穷矣。信而见疑，忠而被谤，能无怨乎？屈平之作《离骚》，盖自怨生也。《国风》[6]好色而不淫，《小雅》[7]怨诽而不乱。若《离骚》者，可谓兼之矣。上称帝喾[8]，下道齐桓[9]，中述汤、武[10]，以刺世事。明道德之广崇、治乱之条贯，靡不毕见。其文约，其辞微，其志洁，其行廉，其称文小而其指极大，举类迩而见义远。其志洁，故其称物芳；其行廉，故死而不容。自疏濯淖污泥之中，蝉蜕于浊秽，以浮游尘埃之外，不获世之滋垢，皭然泥而不滓者也。推此志也，虽与日月争光可也。

人君无愚智、贤不肖，莫不欲求忠以自为，举贤以自佐。然亡国破家相随属，而圣君治国累世而不见者，其所谓忠者不忠，而所谓贤者不贤也。怀王以不知忠臣之分，故内惑于郑袖[11]，外欺于张仪[12]，疏屈平而信上官大夫、令尹[13]子兰，兵挫地削，亡其六郡，身客死于秦，为天下笑，此不知人之祸也。《易》曰："井泄不食，为我心恻，可以汲。王明，并受其福。"[14]王之不明，岂足福哉！

屈原至于江滨，被发行吟泽畔，颜色憔悴，形容枯槁。渔父见而问之曰："子非三闾大夫[15]欤？何故而至此？"屈原曰："举世皆浊而我独清，众人皆醉而我独醒，是以见放。”渔父曰：“夫圣人者，不凝滞于物而能与世推移。举世皆浊，何不随其流而扬其波？众人皆醉，何不餔其糟而啜其醨？何故怀瑾握瑜而自令见放为？”屈原曰：“吾闻之，新沐者必弹冠，新浴者必振衣。人又谁能以身之察察，受物之汶汶者乎？宁赴常流而葬乎江鱼腹中耳。又安能以皓皓之白，而蒙世之温蠖乎？”

于是怀石遂自投汨罗以死。

太史公曰：余读《离骚》《天问》《招魂》《哀郢》，悲其志。适长沙，观屈原所自沉渊，未尝不垂涕，想见其为人。及见贾生[16]吊之，又怪屈原以彼其材，游诸侯，何国不容，而自令若是！读《鹏鸟赋》[17]，同死生，轻去就，又爽然自失矣。

【注释】

① 楚之同姓：楚国王族的同姓。楚国王族本姓芈，楚武王熊通的儿子瑕封于屈（即今湖北秭归东），他的后代遂以屈为姓，瑕是屈原的祖先。屈、景、昭都是楚国王族的同姓。

② 楚怀王：楚国国君，楚威王之子，熊氏，名槐。在位期间，破格任用屈原等人进行改革，大败魏国，消灭越国，扩充疆土。被

秦国张仪欺骗而与齐国断交，发兵进攻秦国而惨败，楚国元气大伤。公元前299年，楚怀王被秦国扣留。后楚怀王忧郁成疾而去世。

③ 左徒：楚国的官，仅次于最高行政长官令尹。

④ 上官大夫：楚大夫。上官，复姓。一说即靳尚。靳尚，为楚国大夫，与张仪相善，受张仪贿赂而出卖楚国利益。

⑤《离骚》：屈原的代表作，是其自叙生平的长篇抒情诗。

⑥《国风》：《诗经》的组成部分，包括《周南》《召南》等十五国的民歌，又称“十五国风”，共一百六十篇，有不少写男女恋情的诗篇。

⑦《小雅》：《诗经》的组成部分，共七十四篇，有不少指斥朝政缺失、反映丧乱的诗篇。

⑧ 帝喾：姬姓，名俊。五帝之一。号高辛氏。《离骚》中有“凤皇既受诒兮，恐高辛之先我”。

⑨ 齐桓：即齐桓公，姜姓，吕氏，名小白。姜姓齐国国君，春秋五霸之首。《离骚》中有“宁戚之讴歌兮，齐桓闻以该辅”。

⑩ 汤、武：商汤与周武王的并称。

⑪ 郑袖：楚怀王的宠妃。容貌艳美，阴险恶毒，干涉朝政，勾结靳尚，陷害屈原，放走张仪。

⑫ 张仪：魏国人，战国时纵横家。首创连横之策，得到秦国惠文王赏识，封为相国，奉命出使游说各国，以“连横”破六国之“合纵”抗秦。

⑬ 令尹：楚国的最高行政长官。

⑭ 典出《周易·井·爻辞》。

⑮ 三闾大夫：楚国掌管王族昭、屈、景三姓事务的官。

⑯ 贾生：即贾谊（前 200—前 168 年），西汉初年著名政论家、文学家，世称贾生。贾谊少有才名，以善文著称。文帝时任博士，迁太中大夫，后谪为长沙王太傅，故后世亦称贾长沙、贾太傅。三年后被召回长安，为梁怀王太傅。梁怀王坠马而死，贾谊抑郁而亡，年仅 33 岁。司马迁对屈原、贾谊寄予同情，为二人写了合传，后世因而将贾谊与屈原并称为“屈贾”。

⑰《鹏鸟赋》：贾谊谪居长沙时所作，借与鹏鸟问答抒发内心忧愤不平之情，其中蕴含老庄的齐生死、等祸福的思想。鹏，形状类似猫头鹰，古人认为见到猫头鹰预示着不祥之事将要发生。贾谊被贬到长沙，对气候不适应，身体又不好，见到鹏鸟飞进屋子，作赋自我排遣。

【译文】

屈原，名平，与楚国王室同姓。曾经担任楚怀王的左徒。屈原见闻广博，记忆力强，通晓治理国家的道理，熟悉外交应对辞令。对内与怀王谋划国事，发号施令；对外接待别国使者，回答诸侯各国使者的问题。怀王很信任他。

上官大夫和屈原同朝为官，想争得怀王的宠幸，因而嫉妒屈原的才能，就设计陷害。怀王让屈原制定法令，屈原刚写出草稿尚未定稿，上官大夫看见了，就想当成自己写的交上去邀功，屈原不同意，他就在怀王面前诋毁屈原说："大王叫屈原制定法令，大家没有不知道这件事的，可是每一项法令发出，屈原就夸耀自己的功劳说'除了我，没有人能做得了这件事'。"怀王很生气，就疏远了屈原。

楚怀王听信小人的谗言而心智迷乱，因受谗佞谄媚之徒蒙蔽而不能明辨是非。一时间，邪恶的小人陷害了公正的人，端方正直的君子却不为朝廷所容。屈原非常痛心，他忧愁苦闷，写下了《离骚》。所谓离骚，就是遭遇忧患的意思。天，是人类的原始；父母，是人的根本。人处在困境之中就会追念本源，所以极其劳苦疲惫的时候，没有不叫天的；病痛折磨或凄惨忧伤的时候，没有不喊爹叫娘的。屈原行为正直，竭尽忠诚和智慧辅佐君王，谗邪的小人却离间他和君王的关系，可以说处境是很困窘了。诚信却被猜疑，忠诚却被诽谤，怎么能没有怨恨呢？屈原之所以写《离骚》，大概是由怨恨引起的。《诗经·国风》虽然多写男女爱情，但并不过分；《诗经·小雅》虽然多讥讽指责，但并不宣扬作乱。像《离骚》这样的，可以说是兼有二者的特点。远古的，它称颂帝喾，近世称述齐桓公，中间称述商汤和周武王，用来讽刺当时的政事。阐明道德的深广崇高、国家治乱兴亡的道理，全都完整表达出来。他文笔简约，语辞精微，志趣高洁，行为廉正。他描写的不过寻常事物而主旨深远宏大，列举的事例浅近而寓意深远。他志趣高洁，所以多以香草为喻；他行为廉正，所以到死也不苟且讨好别人以求保住自己的位置。他独自远离污泥浊水，像蝉脱壳一样摆脱浊秽，优游于尘世之外，不受浊世的玷辱，保持皎洁的品质，出淤泥而不染。推究屈原的志向，即使说他与日月争辉，也是可以的。

国君无论愚笨或明智、贤明或昏庸，没有不想求得忠臣来为自己服务、选拔贤才来辅助自己的。然而国破家亡的事接连发生，而圣明君主治理好国家的事一代代都没有出现，这是因为所谓的忠臣并不忠诚，所谓的贤臣并不贤良。怀王不了解忠臣的本分，因此在内被郑袖迷惑，在外被张仪欺骗，疏远屈原而信任上官大夫和令尹子兰，军队被挫败，土地被削减，失去了六个郡，自己也客死在秦国，为天下人所耻笑。这是不能知人善任而导致的祸害。《易经》说："井淘干净了，却没有人喝井里的水，使我心里难过，因为井水是供人汲取饮用的。君王贤明，则天下人都能得到福祐。"君王不贤明，哪里还有什么福祐呢！

屈原到了江边，披散头发，在水边走着，吟咏着。他脸色憔悴，形销骨立。渔翁看见他，问道："您不是三闾大夫吗？怎么到这里来了？"屈原说："全世界都是混沌的，只有我一人清白；众人都是沉醉的，只有我一人清醒。因此我被放逐了。"渔翁说："贤哲之人，不受外界事物的束缚，而能够随着世俗变化。全世界都混沌，为什么不随着大流并且推波助澜呢？众人都沉醉了，为什么不跟着吃点酒糟、喝点薄酒？为什么要怀抱美玉一般的品质，却让自己被放逐呢？"屈原说："我听说，刚洗过头的一定要弹去帽上的灰尘才戴，刚洗过澡的一定要抖掉衣上的尘土才穿。谁愿意让自己清白的身躯，蒙受外物的污染呢？宁可投入荡荡江水而葬身鱼腹之中，又怎能让自己高洁的品质，蒙受世俗的尘垢呢？"

于是抱着石头，自投汨罗江而死。

太史公说：我阅读《离骚》《天问》《招魂》《哀郢》，为屈原的志向不能实现而悲伤。我到长沙，途中看到屈原自沉的地方，不由得流下眼泪，追怀他的为人。我看到贾谊凭吊他的文章，文中又责怪屈原，如果凭他的才能去游说诸侯，哪个国家不会容纳他呢，却让自己陷入了这样的绝境！我读到贾谊《鹏鸟赋》，把生和死同等看待，对被贬和任用等闲视之，这又使我不禁惘然若失了。

【今评】

司马迁所撰《屈原列传》粗线条勾勒屈原的生平事迹，千百年来感动了无数的读者。文字既饱含激情地记叙了屈原跌宕起伏的生命历程，又昭示了光照千古的屈原精神。在貌似平静客观的叙写中，深藏着作者激赏、悲愤的叹惋之情。

司马迁为屈原立传，阐明屈原的一生和楚国的兴衰存亡密切相关，高度赞扬屈原。这篇传记，是楚国的衰亡史，也是屈原的抗争史。屈原的理想政治，是唐虞三代那样的政治。屈原主张举贤授能，在作品中反复论述历代兴亡，认为残害忠良则亡，举贤授能则兴。屈原认为自己贤能兼备，而楚怀王未能任用贤士，导致了楚国衰亡。楚国覆灭，屈原的理想彻底破灭，精神支柱轰然垮塌。

司马迁让我们知道了屈原，了解他的坚持、他的矢志不渝，引导我们理解屈原的崇高在于高尚正直的人格和顽强执着的精神，值得后人永远追随。

司马迁一向推崇矢志不渝坚持理想的圣贤。在《报任安书》中，司马迁列出了一长串名单：西伯姬昌被拘禁而推演完善了《周易》；孔子受困窘而作《春秋》；屈原被放逐，才写出《离骚》；左丘明失去视力，才完成《国语》；孙膑被挖去膝盖骨，《兵法》才撰写出来；吕不韦被贬谪蜀地，后世才流传着《吕氏春秋》；韩非被囚禁在秦国，写了《说难》《孤愤》；《诗》三百篇，大都是圣贤们抒发愤慨而写作的。这些人都是因为身处困境、感情郁结不解，不能实现理想，所以记述过去的事迹，让将来的人了解其志向。

屈原少年得志，一生中却只有过短暂的风光，被迫远离政治中心是他从政的失败，留下不朽的诗篇是他文学的成功，而这样的成功却太悲凉。屈原的悲凉，其实又何尝不是司马迁的感怀。

《史记》对屈原的评价很高，《汉书》却不以为然。班固批评屈原“露才扬己”，说屈原注重显露才华、宣扬自己，纠缠于一帮危害国家的小人之间；班固不赞成屈原对楚怀王的责难，他认为屈原只是一个遭受贬谪之后愤愤不平的狷狂之士。对屈原的作品，班固也不赞成司马迁的评价，认为“谓之兼《诗》风雅，而与日月争光，过矣”。历代以来，人们都盛赞屈原，尤其是当民族矛盾尖锐之时，屈原的爱国精神更是受到高度赞扬，屈原的作品受到大力追捧，人们对屈原的崇敬之情越发强烈。这，是屈原的成功，也是司马迁的成功。

陈后主论

〔唐〕朱敬则

【作者简介】

朱敬则（635—709年），字少连，永城（今属河南）人，唐朝大臣、史学家。为人重节义，早年以辞学知名。咸亨中，授洹水尉，后除右补阙。长安三年（703年），迁正谏大夫，兼修国史，进同凤阁鸾台平章事。后以老疾请罢知政事，改祭酒，转冬官侍郎。神龙元年（705年），出为郑州刺史，不久致仕。张易之诬陷魏元忠、张说，朝臣中无人敢直言劝谏，只有朱敬则为魏元忠、张说辩诬，极言二人无罪，魏、张二人乃得不死。为相期间，朱敬则引荐能士，对武则天弊政直言无讳。又精通史学，除了参与修唐史外，曾经选择魏、晋以来君臣成败之事，写了《十代兴亡论》。又因为前代文士论废五等封爵的文章，议论秦朝的过失，分析各种事件的意见不够中肯，写了《五等论》。

【文中人物介绍】

陈后主，即陈叔宝（553—604年），字元秀，南朝陈末代皇帝，陈宣帝嫡长子。在位期间，荒废朝政，耽于酒色，醉心诗文和音乐。祯明三年（589年），隋军大举南下，灭陈朝。陈叔宝被掳至长安，受封长城县公。隋文帝杨坚赐予宅邸，礼遇甚厚，陈后主得以终日饮酒作乐，后病逝于洛阳。

【题解】

朱敬则任兼修国史期间，采集君臣成败之事而作《十代兴亡论》，本文是其中一篇。《十代兴亡论》时代跨度大，上到先秦几代，后至汉、魏、晋、南北朝、隋朝，论史的规模是空前的。他继承以往史论的传统，探讨历代治乱兴衰的原因，秉笔为史，直书其事，用历史经验劝诫统治者。他坚持史家的求实态度，不作惊人之语，注意把人物和事件放在历史的大环境中，态度公允，目光深邃。

作者评价陈后主，先扬后抑，揭露陈后主纵情于声色宴饮、不理政事致使陈亡于隋；又通过陈朝与隋朝政治对比，揭示了陈朝灭亡的内在和外在原因。作者又将陈后主与刘禅、孙皓、高纬等亡国之君作比较，揭露、讽刺、批判了他们的荒淫无耻、昏庸无能。

【原文】

长城公[①]，器识古人，承平嗣主。观其求忠谠之士、禁左道之人、淫祀妖书、镂薄假物，即古明哲，何以加焉？

但强寇临边，南国斯蹙。礼义不举，苛刻日滋。邻好不敦，骄傲是务。嬖妾[②]五十，尽有珥貂之容；丽服一千，咸取夭桃之色[③]。加以贵妃夹坐，狎客[④]承筵。玉貌绛唇，咀嚼宫徵；花笺彩笔，吟咏烟霞。长夜不疲，略无醒日。

于时也，隋德甫隆，南被江汉。厚待间谍，羊叔子之倾敌人[⑤]；不伐有丧，楚恭王之结邻好[⑥]。加以贺若[⑦]谋勇，应变如神；擒虎[⑧]雄风，临机若电。莫不迎刃自裂，听鼓争奔。斩张悌[9]之守迷，降薛莹[10]之知命。紫殿正色，不用袁宪[11]之言；白刃交前，但为无社[12]之计。

嗟乎！龙盘虎踞之地[13]，露草沾衣；千门双阙之间，风烟歇绝。临江离别之感，赴洛呜咽之悲。五百里之俘囚，累累不绝；三百年之王气，寂寂长空。一国为一人兴，前贤以后愚灭，其来尚矣。

或问曰："安乐公刘禅[14]，归命侯孙皓[15]，温国公高纬[16]，长城公陈叔宝，并称域中之大，据天下之尊，或衔璧送降[17]，或逃窜就系[18]。必不得已，何者为先？"

君子曰："客所问者，具在方册，请为吾子陈之，任自择焉。若乃投井求生，横奔畏死，面缚请罪，膝行待刑，是其谋也。马上唱无愁之歌[19]，侍宴索达摩之曲[20]，刘禅不思陇蜀[21]，叔宝绝无心肝[22]，对贾充[23]以不忠之词，和晋帝以邻国之咏[24]，是其才也。纵黄皓，嬖岑昏，宠高壤，狎江总，[25]是其任也。剥面凿眼，孙皓之刑；弃亲即仇，高纬之志。其余细故，不可殚论。听吾子之悬衡，任夫人之明镜。"

客曰："入井，下策也。"

【注释】

① 长城公：即陈后主陈叔宝，隋灭陈后，封其为长城公。

② 嬖妾：陈后主宠幸的妃嫔。“嬖妾五十”与下文“丽服一千”见《南史·陈本纪》。

③ 夭桃之色：典出《诗经·周南·桃夭》，“桃之夭夭，灼灼其华”。喻少女年轻貌美的容颜。

④ 狎客：亲近而且常常和陈后主嬉游宴饮之人，指江总、孔范等。事见《南史·陈本纪》。

⑤ 羊叔子之倾敌人：晋时羊祜对待吴人宽厚，使敌人倾服。羊祜每次与吴国军队交战，严格按照约定日期开战，从不偷袭对方。将帅有进言狡诈用兵策略的，不予采纳。有人抓了一家的两个儿子，羊祜命人把这两个俘虏送回了家。羊祜带兵经过吴国境内，收割稻谷作为军粮，便在估值后用绢作为赔偿。

⑥ 楚恭王之结邻好：春秋时期楚恭王听说邻国陈国有丧事（陈成公卒），便立即退兵，不予征伐，以结邻国之好。

⑦ 贺若：即贺若弼，曾向隋文帝进献取陈十策，开皇九年（589 年）隋朝大举伐陈，贺若弼任行军总管，平陈有功。

⑧ 擒虎：即韩擒虎，隋朝名将。开皇八年（588 年），作为先锋将军攻打陈国，率兵夜渡长江，陈军众士兵闻声溃逃。韩擒虎攻破朱雀门，占领建康城，俘虏陈后主，功勋卓著。

⑨ 张悌：字巨先，三国后期吴末帝孙皓时任丞相。晋军伐吴时，张悌坚持死守，并渡江迎战，结果大败而不肯撤退，被晋军

所杀。

⑩ 薛莹：字道言，吴末帝孙皓时曾任太子少傅、左国史、光禄勋等职。晋军征吴，孙皓请降，薛莹起草降表，后入晋任散骑常侍。

⑪ 袁宪：陈后主时任尚书仆射，常劝谏陈后主，人称“骨鲠之臣”。据史传记载，隋军攻入宫城，城内文武百官都逃了，只有尚书仆射袁宪、后阁舍人夏侯公韵在陈后主旁边。袁宪劝陈后主端坐殿上，正色以待。陈后主想躲到井里去。袁宪和夏侯公韵二人苦谏不从，用身体挡住井口，与陈后主争执了很久。

⑫ 无社：即还无社，春秋战国时萧国大夫。楚国打算伐萧，还无社不知两国即将交兵，遇见楚国大夫申叔展，申叔展让还无社躲在枯井内。萧军大败后，申叔展将还无社救出。

⑬ 龙盘虎踞之地：形容地势雄壮险要，特指南京，古称金陵。据史传记载，诸葛亮来到当时的建业，赞叹道：“钟山龙盘，石头虎踞，此帝王之宅。”下文“千门双阙”，形容京城屋宇广大，城楼相对，也是指南京。

⑭ 刘禅：三国蜀汉后主，刘备之子。降魏后，被送至洛阳，封为安乐公。

⑮ 孙皓：三国吴末帝，孙权之孙，降晋后，被送至洛阳，封为归命侯。

⑯ 高纬：北齐后主，北齐被北周所灭，高纬被俘，封为温国公。

⑰ 衔璧送降：古时国君死，口含玉。故战败者出降时衔璧，以示国亡当死。此处指刘禅、孙皓。

⑱ 逃窜就系：指高纬、陈叔宝。

⑲ 无愁之歌：北齐后主高纬所作之曲，名《无愁曲》。

⑳ 达摩之曲：乐府舞曲名。温庭筠《达摩支曲》有“无愁高纬花漫漫”句。

㉑ 刘禅不思陇蜀：事见《三国志·蜀志·后主传》裴松之注。蜀汉亡后，后主刘禅被送往洛阳，司马昭设宴招待，安排表演蜀汉歌舞，刘禅乐在其中。司马昭问刘禅是否思蜀。刘禅回答说：“此间乐，不思蜀。”

㉒ 叔宝绝无心肝：事见《南史·陈本纪》。隋文帝厚待陈后主，每有宴会，常邀请他参加。恐怕他伤心，命令不许奏吴乐。而陈后主未把亡国之痛放在心上，还向隋文帝讨要官职。隋文帝说：“叔宝全无心肝。”

㉓ 贾充：三国曹魏至西晋时期大臣，西晋王朝的开国元勋。据《资治通鉴》记载，贾充曾问孙皓一种刑罚，孙皓答道：“人臣中有弑君及奸恶不忠的人，加此刑罚。”

㉔ 和晋帝以邻国之咏：事见《世说新语》。晋武帝问孙皓：“听闻南方人好作《尔汝歌》，你也会吗？”孙皓举起酒杯向武帝说：“从前和你是邻居，现在给你做降臣。为你献上一杯酒，祝你能活一万春。”晋武帝后悔不已。

㉕ 黄皓、岑昏、高壤、江总四人为亡国之君的宠臣。黄皓，刘禅宠爱的宦官，专擅朝政。岑昏，孙皓的宠臣，祸国殃民。高壤，高纬的宠臣高阿那肱，后降北周。江总，陈叔宝宠臣，称狎客。

【译文】

陈后主的器量与见识，大有古风，天下太平时继位。看他开始时到处征求忠心正直的贤士，禁用旁门左道散布邪术的人，杜绝过度祭祀和宣扬邪异、妖言惑众的书籍，杜绝浪费钱财制作刻金镂银的装饰品和仿生工艺品等无实际用途的东西，遵循古代礼制，洞察事理，考虑得很周全。

隋军进犯，陈朝的形势紧迫而凶险。可是这时的陈朝，礼法道义日益荒废，烦琐的政令日益增多；不与邻国处理好关系，反而越发骄傲自大。他宠爱的五十嫔妃，穿着高贵华丽；后宫佳丽一千，个个花枝招展。他整天与女眷厮混，与宠臣一道歌唱咏诗，欣赏着花容月貌和曼妙歌声，吟咏着山水胜景和风花雪月。夜晚再长也不觉得犯困，白天却总是不能清醒。

这个时候，隋朝的国运正值昌盛，向南已经扩张到长江、汉水一带。隋朝对待敌方投奔过来的人，就像羊祜对待吴国的士兵和百姓一样；隋朝对待邻国，就像楚恭王一样，听说邻国有丧事就停止征伐。加上隋朝的贺若弼有勇有谋，随机应变如通神灵；韩擒虎气势勇猛，把握军机如闪电般反应迅速。隋军士兵奋勇争先、所向披靡，陈军听到隋军的鼓声便争相奔逃，就像晋军平吴时斩杀死守战场的张悌、降服知晓天命的薛莹一样。陈后主不听袁宪的话，不肯端坐在宫殿上迎敌，在隋兵的刀剑面前，像还无社那样钻到枯井里避险以图保命。

唉！有着雄壮地势的金陵城，有着琼楼玉宇的金陵城，战乱之后繁华景象皆不复存在，到处都是萧条冷落的凄凉景象。满城弥漫陈后主君臣在江边告别的离愁别绪，回荡着陈后主君臣动身前往洛阳的呜咽悲泣。在去洛阳的路上，被俘的陈朝君臣排成了长长的队伍，络绎不绝，绵延五百里；金陵城三百年的帝王之气，从此消失在空阔辽远的天空。一个国家因为一个君主而兴亡，开明君主创下的帝业被亡国之君所灭，从古到今都是这样的。

有人问："安乐公刘禅，归命侯孙皓，温国公高纬，长城公陈叔宝，都说自己有着广大的国土，是天底下最尊贵的人，却有的口含玉璧表示降服，有的逃窜躲避被抓住。在逼不得已的情况下，哪一个更高明一些？"

君子说："你所问的事情，其实都已经被记录在史册了。请让我为你解说一下，由你自己来判断吧。像那样跳到枯井里求生的，慌乱逃跑怕死的，把双手反绑向敌方表示降服的，跪着用膝盖往前行进表示愿意服刑的，这是他们所谓的计谋。高纬在马上弹着琵琶唱无愁之歌，侍宴时演奏靡靡舞曲；刘禅在洛阳醉心享乐，并不为失去后蜀而伤心；陈叔宝入隋之后，安于享乐，竟还没心没肺地向隋文帝索要官衔；孙皓为应对贾充说了斥其不忠的一番话，为迎合晋武帝而唱祝酒歌，这是他们所谓的才能。纵容黄皓，宠溺岑昏，宠幸高阿那肱，和江总亲昵，这就是他们用人的原则。剥去人脸上的皮肤，凿瞎人的眼睛，这是孙皓常用的酷刑；背弃亲人投向仇敌，这是高纬所谓的志气。其他的细节，简直说不尽。你不是问这四个亡国之君谁更高明一些吗？请你自己判断，让众人来鉴定吧。”

客人说：“躲到井里去，这是最下等的。”

【今评】

陈后主即位之初，曾下令朝廷上下积极建言献策，对上有什么意见和建议都不要隐瞒，他表示会虚心接受、择善而行。他要求禁绝荒诞不经的巫蛊方术、不合礼制的祭祀、宣扬怪异和邪恶之事的书籍，禁止镂刻黄金和打制银片作为装饰品，禁止制作土木偶人、绢花等，似乎向世人表明，他要做一个贤明君主。但是，正如唐代诗人李商隐《陈后宫》诗云：“茂苑城如画，阊门瓦欲流。还依水光殿，更起月华楼。侵夜鸾开镜，迎冬雉献裘。从臣皆半醉，天子正无愁。”诗人借南朝陈后主骄奢淫逸、荒废朝政的史实讽喻晚唐的统治者。在位七年，陈后主沉迷声色，纵情宴饮，不理朝政，陈朝终于败亡。同样是亡国之君，把后蜀刘禅、吴末帝孙皓、北齐后主高纬与陈后主四人相比较，陈后主投井求生，属最下等。作者压抑着愤怒，夹叙夹议，旗帜鲜明地揭露和批判，试图为后世君王提供借鉴。

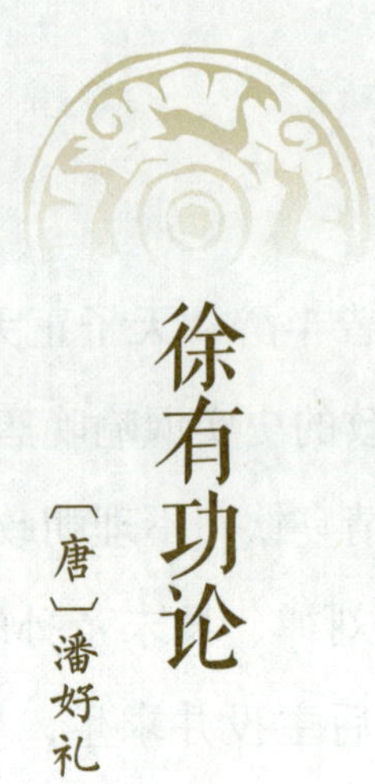

徐有功论

〔唐〕潘好礼

【作者简介】

潘好礼，唐代贤臣，主要活动在唐玄宗开元初期。明经出身，曾任监察御史。开元三年（715 年），被授为邠王府长史。不久，邠王李守礼出为滑州刺史，潘好礼随行并担任王府司马，管理滑州政事。李守礼生活放纵，潘好礼常规劝阻止。李守礼欲于农月出猎，潘好礼卧于马前，陈情劝谏，乃止。后迁豫州刺史。潘好礼为官勤于政事，清正廉明，不徇私情。博学多才，文风畅达有正气。

【文中人物介绍】

徐有功（635—702年），名弘敏，字有功，以字行。举明经及第。武则天朝时的法官，以持平守正见称于世。历任蒲州司法参军、司刑丞、秋官（刑部）郎中、左肃政台侍御史、司刑少卿等职。他为政宽厚仁慈，任司法参军期间，不施杖罚，深得百姓和下属爱戴。武则天任用酷吏屡兴冤狱，陷害无辜，朝野上下人人震惊、恐惧，无人敢讲真话。只有徐有功敢于秉公决断，冒死犯颜累次劝谏，为冤臣去掉不实的罪名，前前后后共挽救了数十百家人的性命。他经常在殿上论奏案件的是非曲直，武则天厉色责问他，左右臣子无不胆战心惊，唯独徐有功神态自若、据理力争。

徐有功曾经上疏论冢宰、刑部及朝三司执法官的过失，表示“愿以公正执法来报答圣上的知遇之恩，决不放纵诡诈善变之人，也决不回避强暴凌人之人，一定狠狠打击枉法的奸妄之人，这是臣的本分”。因被人诬告重罪轻罚，徐有功被除名为庶人。不久，又被起用。徐有功曾对亲友说过，如今我身为司法之官，关系着人的生死，一定不能一味顺从、不实事求是，来求得自身的安全。”徐有功因为谏奏有关当事人冤枉受刑之事，而三次被判死刑，但他执志不渝，酷吏因此势气稍衰。当时的人把他比作汉代执法公正的于定国、张释之。宋代王十朋《徐有功》诗曰："狱兴罗织陷忠良，公亦几遭虎口伤。蹈死救人人免死，论功何止汉于张。"

张释之，字季，西汉法官，以执法公正不阿闻名。因向汉文帝陈说秦汉兴亡之道，而补任为谒者仆射，累迁公车令、中大夫、中郎将等职。后升任廷尉。主张"法者，天子所与天下公共"，当皇帝的诏令与法律发生抵触时，他坚持守法，时人称赞"张释之为廷尉，天下无冤民"。汉景帝即位后，因张释之曾弹劾当时身为太子的景帝"过司马门不下车"，将张释之谪为淮南国国相。张释之不畏权贵，执法如山，公平正义，体现了"法律面前人人平等"的思想雏形。因此，张释之成为中国古代循吏典范，为后世效仿，深受庶民拥戴、官吏并尊。

【题解】

潘好礼仰慕徐有功，敬佩他的德行、才能和胆识。本文作于武则天称帝之后，当时徐有功为秋官员外郎。潘好礼当时任鹿城主簿，官职卑微，却敢于为徐有功秉笔直书、伸张正义，实在难能可贵。作者从仁、忠、孝三个方面，驳斥了攻击徐有功不懂圆通、想要沽名钓誉的说法，热烈赞扬徐有功刚正不阿、不畏险恶、守法严明、正直无私，其胆识远超汉代的张释之。文章写法摹仿东方朔的《答客难》体例，设为主客问答，围绕徐有功“守道君子”这个特点展开论述，如同剥笋一样逐层展现徐有功的贡献、品德、才能。文章条理清晰，思辨性强，行文流畅，气势不凡。

【原文】

客有问于主人曰：“地官[①]徐员外，何如也？”答曰：“守道君子也。”客曰：“徐公明识，诚难为俦也。何不稍圆通，以协随时之义而取富贵乎？何为固守方正，乖相时之道，几致死亡者数矣？此岂大雅君子全身之义哉？”答曰：“夫随时相宜，而取富贵，凡情所晓，徐公岂不达之？若徐公者，仁人也。夫仁人者，济物也。此道大矣，非常人所知。故孔子曰：‘有杀身以成仁，无求生以害仁。’[②]徐公之不爱死亡，固守诚节，用此道也，岂以贵贱生死而易其操履哉？”

问曰：“仁则信矣，忠则如何？”答曰：“岂有仁者不忠乎？当今帝德文明，忧劳庶政，思致刑措[③]，以隆中兴。徐公献可替否[④]，尽忠尽节，诚欲戴明主于尧舜之上，置苍生于大道之中，事迹显然，有识同悉，子何疑而问哉？”

客曰：“鄙人固鄙，不闲大体。忠则信矣，孝则如何？”答曰：“岂有忠臣而非孝子也？《孝经》[⑤]曰：‘君子之事亲孝，故忠可移于君。’[⑥]‘立身行道，扬名于后代，以显父母。’[⑦]今徐公之名，闻于四海，有志之士，莫不增气，岂直扬名，亦‘永锡尔类’[⑧]矣！《礼》曰：‘大孝扬名’[⑨]，徐公之谓也。”

问曰：“徐公之道既高矣，何为暂处霜台[⑩]，即奏天官得失，榜诸门以示天下，规规然是钓名耳，其故何哉？”主人胡卢而笑，久之而应曰：“子徒见培𪣻，未睹泰山乎？夫天官者，奔竞既久，滥进宏多，选司权轻，且未能止，此弊之甚也。徐公既处霜台，以澄清为己任，切于救弊，急于为善，此徐公之情也。以为钓名，可谓不知言矣。”

客有惭色，问曰：“此人当今，可谁与比？”答曰：“宇宙至广，人物至多，匿迹韬光者，固有之矣，仆宁敢厚诬[⑪]天下之士乎？若所闻见，一人而已，当于古人中求之。”问曰：“何如张释之？”答曰：“释之为廷尉[12]，天下无冤人，此略同耳。然而释之所以者甚易，徐公所行者甚难，难易之间，优劣可知矣。”

问曰：“张公徐公，皆是国士，至于断狱，俱守正途，有何难易？”答曰：“张公逢汉文[13]之时，天下无事，至如盗高庙玉环[14]，及渭桥惊马[15]，守法而已，岂不易哉？徐公逢革命之秋，属维新之命，唐朝遗老，或有包藏祸心，遂使陶公之璧[16]，有所疑矣。至如周兴[17]、来俊臣[18]者，更是尧舜之四凶[19]也。掩义隐贼，毁信废忠，崇饰恶言，以诬盛德，遂使忠臣侧目，恐死亡无日矣。徐公守死善道，深相明白，几陷囹圄，数挂网罗，此吾子所闻，岂不难矣？《易》曰‘知进退存亡而不失其正者’[20]，徐公得之矣。”

客曰：“若使此人为司刑卿[21]，方得展其才用。”答曰：“吾子徒见徐公用法平允，即谓可置司刑。仆观其人，固奇士也，方寸之地，何所不容者？其用之，何事不可？岂直司刑而已哉！”客曰：“今日闻吾子议，知徐公之令德，未可尽言乎。固知君子之道，非小人所测也。”

【注释】

① 地官：古代六官之一。《周礼》分设天、地、春、夏、秋、冬六官，后世沿袭而改为吏部、户部、礼部、兵部、刑部、工部。武则天时期一度复六部为六官之称。疑“地官”为“秋官”之误，据《新唐书》《旧唐书》徐有功本传，徐有功曾任秋官员外郎。

② 典出《论语·卫灵公》，“子曰：‘志士仁人，无求生以害仁，有杀身以成仁。’”

③ 刑措：无人犯法，刑法搁置不用。刑措，又作刑错。《史记·周本纪》：“故成康之际，天下安宁，刑错四十余年不用。”

④ 献可替否：进献可行者，除去不可行者，即诤言进谏之意。典出《后汉书·胡广传》。

⑤《孝经》：《孝经》成书于秦汉之际，是孔子“七十子之徒之遗言”，是阐述孝道和孝治思想的儒家经典著作。

⑥ 此句出自《孝经·广扬名章》，意思是说，君子以孝道侍奉父母，转而事君就能尽忠。

⑦ 此句出自《孝经·开宗明义章》，意思是说，在世上立身，行事遵循道义，把名声传播于后世，以荣耀自己的父母。后代，即后世。唐人避太宗名讳，改世为代。

⑧ 典出《诗·大雅·既醉》，“孝子不匮，永锡尔类”。意思是说，孝子贤孙世代相继，上天会永远恩赐福祉。

⑨ 此句不见于今本《礼记》。

⑩ 霜台：指御史台。徐有功曾任左肃政台侍御史。

⑪ 厚诬：深加欺骗、蒙蔽、毁谤。《左传·成公三年》：“吾小人，不可以厚诬君子。”

⑫ 廷尉：战国时期秦国始置，秦汉沿置，为九卿之一，掌管刑狱。西汉时也称作大理。

⑬ 汉文：即汉文帝刘恒，汉高祖刘邦之子。汉文帝和汉景帝统治时期称“文景之治”。

⑭ 盗高庙玉环：据《史记·张释之传》载，有人偷盗高祖庙座前玉环，汉文帝欲灭其族，张释之依据律法决断，奏请当斩首示众。

⑮ 渭桥惊马：据《史记·张释之传》载，汉文帝过渭桥时，有人从桥下走出，惊扰了文帝的马，张释之依据律法决断，只令罚金。

⑯ 陶公之璧：指难以判明的案件。陶公，即春秋时的范蠡，自号陶朱公。据史料记载，梁有一桩疑案，审案的人，一半人认为当判有罪，一半人认为当判无罪。梁王去请教范蠡。范蠡回答说：“我家有两块白璧，颜色差不多，大小差不多，光泽差不多，可是一块值千金，一块值五百金。”范蠡揭示了两块白璧价值不同的原因，原来，侧过来看，价值千金那一块的厚度是另一块的两倍。范蠡是在提醒人们，要从各个不同角度去审视疑案，不可妄断。

⑰ 周兴：武后时酷吏。进士及第，精通律法，累迁尚书左丞、刑部侍郎。广泛罗织罪名，迫害宗室和大臣。后受人告发谋反，坐罪流放岭南，途中被仇人杀死。

⑱ 来俊臣：武后时酷吏。因告密得到武后信任，先后任侍御史、御史中丞、太仆卿，设立推事院，大兴刑狱，滥用酷刑，严刑逼供，任意捏造罪状，诬陷迫害宗室和大臣。后被武后处死。

⑲ 尧舜之四凶：尧舜时的四凶，指的是混沌、穷奇、梼杌、饕餮，被舜流放。

⑳ 此句出自《周易·乾·文言》，意谓知道进退存亡之理而不失正确的方向。

㉑ 司刑卿：即大理卿，长官司法审判的最高长官。武后时改称司刑卿。

【译文】

有客人向主人问道："秋官徐员外这个人，怎么样？"主人答道："这是个坚守道德规范的君子。"客人说："徐公明达事理，的确很少有人能和他相比。为什么不稍稍灵活变通一点，按照顺势应时的道理，去追求富贵呢？何必固执地坚守刚正方直，违背相时而动的道理，还弄得几次差点丢掉性命呢？这难道是宏达雅正的君子保全自己的道理吗？"主人答："大致说来，顺应时势而做相应的事，看准机会谋取钱财和地位，一般才智的人都知道。徐公难道不知道吗？像徐公这样的人，是仁义之人。既然是仁义之人，就是要救济世人。这里面的道理崇高深远，不是一般人知道的。所以孔子说，只有舍弃生命来成就仁义，不能为了求生而损害仁义。徐公不爱惜生命，舍生忘死，坚守诚实的节操正是在施行仁义，难道他会为了身价贵贱生死存亡而改变自己的操守吗？”

问：“徐公的仁义真的令人敬佩，他对君王的忠诚度怎么样呢？”答：“难道还有仁义之人不忠诚的吗？当今的君王德行辉耀四方，为各种政务忧虑操劳，想达到刑法废置不用的太平盛世，实现更加昌盛的中兴。徐公进献可实行的建议，除去不可行的政策，竭尽忠心，勠力效命，衷心希望把英明的君主尊奉为尧舜那样的明君，把黎民百姓引导到政教风化的正道上来。徐公做过的事情那么清楚地摆在那里，有见识的人都知道，你怎么还会猜疑，提这个问题呢？”

客人说道：“见识浅薄的人本就肤浅，不懂得重要的道理。徐公的忠诚的确令人信服，那么他在孝道上怎么样呢？”主人答道：“忠臣怎么可能会不是孝子呢？《孝经》说，君子能够遵守孝道侍奉父母，转过身来就能对君王尽忠。《孝经》又说，能在这个世界上自立，凡事能遵循道义，把名声传到后世，以此让父母获得荣耀。如今徐公的名声，传扬天下，有志向有抱负的人们，个个都因此志气倍增。哪里仅仅是传扬名声，连上天都会永远恩赐福祉。《礼记》说，至纯的孝顺，名声自然会传扬出去。说的就是徐公这样的人。”

客人又问："徐公的道德既然崇高，为什么刚刚担任御史，就向君王奏报朝官的得失，还要在公开场合张榜公布，这不就是明摆着装腔作势要播扬自己的名声吗？这是什么缘故呢？"主人忍着不笑出声来，过了一会儿才回应道："你这是只见过小土堆，还没有见到过泰山吧？那些朝官长期热衷于追名逐利、竞争官位，滥封官职的现象极其普遍，主持铨选官员的机构权力小而未能制止，这种不良风气已经坏到极点了。徐公到了御史台之后，把纠正这种恶劣风气作为己任，急切地想要匡正弊端，急迫地想要开启善良的风气，这才是徐公的心思。说他这是在作势扬名，真是太不了解徐公了，一派胡言罢了。"

客人的表情有点惭愧，问道："徐公这个人，如今有谁可与之相比？"答道："这个世界太大了，有名望的人物太多了，还有那些故意掩藏形迹和才能的人，一定也不少，我哪里敢乱说而亵渎天下的君子呢？以我所了解的，当今之世只有他一个人罢了，没人可与徐公相比，应该在古人中去找。"客人问道："与张释之相比怎么样？"答道："张释之身为廷尉，审理案情清楚明白，天下没有被冤枉的人，这方面大致相同。但是张释之所做到的太容易了，徐有功所做到的太难了，把他们的难易比较一下，优劣就可以知道了。"

问道：“张公、徐公，都是一国之中才能出众者，至于审理案件，都是按照规则、依法办事，有什么难和易的差别？”答道：“张公所处时代正好是在汉文帝时期，天下太平。至于汉高祖庙里的玉环被偷了，渭桥下钻出个人惊了御马，按照法律条文处理就行了，难道不是很容易吗？徐公所处的时代，正是朝代更替之时，正值变旧法、推新政之时。前朝旧臣，有的还有不轨之心，于是，疑难案件如何审理就成了大问题。再加上周兴、来俊臣这样的酷吏，更像尧舜时的四凶那样穷凶极恶。他们压制正义，包庇坏人，破坏信义，抛弃忠诚，把卑劣的谬论说得美妙动听，欺骗德行崇高的皇帝，使得忠臣敢怒不敢言，担心随时招来杀身之祸。徐公至死不渝，正道而行，周密审查，几次身陷大牢，屡次被迫害构陷。这是我所了解的，怎么能说不难呢？《易经》说，‘懂得怎样对待进取退让和生存死亡，又能坚持正道’，徐公的修养是达到这个程度了。”

客人说道：“如果让徐公担任司刑卿，才能充分展示他的才智。”答道：“我们只见到他处理案件公平公正，就说他可以胜任司刑卿。我见到他本人，实在是德行才智出众的奇人。他胸怀宽广，寸心虽小，有什么不能包容的？如果量才使用，他有什么事情做不好的？哪里只是主管刑狱而已呢？”客人说道：“今天我听到了你的议论，才了解徐公的美德，简直是说不尽啊。这才深切知道，德行高尚的人，他们行事的道理，不是我们这些平凡人所能揣测的啊！”

【今评】

潘好礼是一位正直的基层官员，撰文议论另一位正直的高级官员徐有功，并对其旗帜鲜明地大力赞扬，既需要慧眼，也需要勇气。潘好礼在前，晚唐和宋代的史官在后，都曾著文宣扬徐有功的非凡。《旧唐书》赞曰：“听讼惟明，持法惟平。二者或爽，人何以生？猗欤徐公，獬豸之精，世皆纷浊，不改吾法。”这是常人难以达到的境界，徐有功做到了。正如清代的袁枚在他的《徐有功论》一文中说过的那样，在审案过程中，想方设法让当事人活下来的勇气，远远大于杀人的勇气。这是为什么呢？想杀人的，滔滔不绝地说理，看起来公正无私，即便是不合理的，君王也没有什么疑问。而想让当事人活下来的，因为看起来像是在徇私情，往往还没有把当事人救下来，自己就很难免于杀身之祸了。如果不是胆量超过战国时勇士孟贲和夏育，还有谁能这么做呢？但是徐有功这么做了。徐有功超过了汉代的张释之、于定国，这是公论。在那个冤狱遍地的年代，酷吏忙于罗织罪名，只有徐有功挺身而出，顶着当朝君王的雷霆之怒，不屈不挠秉公执法。一个人，只有把国家和百姓利益放在首位，才能抛开私念、不畏强权、不避险恶、公正执法，这是徐有功的特别可贵之处，也是千年来为人称道传颂的重要原因。

吴季子札论

〔唐〕独孤及

【作者简介】

独孤及（725—777年），字至之，唐朝大臣、散文家。唐玄宗天宝末年进士，代宗征为左拾遗，累官礼部员外郎、常州刺史等职。独孤家族早先是匈奴屠各部后裔，经历了从北魏“勋臣八姓”的军功贵族向中唐“有唐文宗”的科举世族转变的过程，是主动融入中原文化系统的士人。据传，独孤及儿时读《孝经》，其父试之曰：“儿志何语？”对曰：“立身行道，扬名于后世。”独孤及幼年丧父，得母亲教导，遍读五经，有弘扬儒道之志。有文名，为文彰明善恶，长于议论。与李华、萧颖士同为古文运动先驱。

【文中人物介绍】

季札，姬姓，名札。吴太伯十九世孙，吴王寿梦第四子。春秋时期著名政治家、外交家。又称公子札、延陵季子、州来季子。与孔子齐名，并称“南季北孔”，以其“谦让、守信、仁德、淡泊名利”的人格魅力影响了世世代代。孝悌和礼让是儒家倡导的道德。孔子对季札非常推崇，季札让国、观乐等故事广为后人称颂。

季札的父亲吴王寿梦有四子，季札最小，聪明贤达，寿梦想把王位传给他，季札不受。寿梦于是与诸子约定，兄弟相继传位至季札而止。长兄诸樊觉得自己的德能远在季札之下，除服之后，一心想把持国的重任托付给季札，但被婉言谢绝。吴王诸樊留下遗训，让后人将王位依次传给几位弟弟，这样最终就能传到幼弟季札的手里，以遂先王寿梦生前遗愿。继位的吴王夷昧临终前，要把王位传给季札，但被季札再一次拒绝了。为了表决心，季札再度归隐。因而司马迁称赞道：延陵季子具有那样的仁爱之心，追求道义没有止境，能从细微的征兆中洞察出时代的治乱。他真是一位富有渊博知识的君子呀。因此，司马迁将《吴太伯世家》放在《史记》世家部分的第一篇。

季札读书广博，知识丰富，能见微知著，善审时度势。季札曾出使鲁、齐、卫、晋等国，对各国政局变化的预见都十分准确，如田氏代齐、三家分晋等。季札使鲁，听奏周乐，对周乐有精深的分析。季札使卫，见卫国有众多贤明之士，谓“卫多君子，国未有患”。果然，卫国在一个相当长的时期内，一直平安无事。

【**题解**】

独孤及生逢乱世。他于天宝十三载（754年）以道举及第，刚刚踏入仕途就遭遇国家动乱。这场动乱是唐朝由盛转衰的标志，即安史之乱（755—763年）。安史之乱使得唐朝急剧衰败。安史之乱结束后，唐王朝已分崩离析，中央政权日益削弱，北方藩镇割据，各地节度使拥兵自重、盘踞一方，而朝廷却无力有效控制。

独孤及对国家前途有着无比的担忧，对动乱之时只顾逃难的高官有着无比的憎恨与鄙视。我们可以推想，此时的独孤及，是多么希望有德高望重又有着高度社会责任感的贤士能够挺身而出，力挽狂澜，恢复盛世。在这种情绪中写就的文章，难免不无偏激。也许正是基于这样的焦灼，独孤及对季札的评论，一反历代史论家的常调。

季札如同他的先祖吴太伯一样，几次三番让出国君的王位，得到儒圣孔子的高度赞扬，《左传》盛赞，汉代的司马迁更是推崇备至。然而，唐代的独孤及却发出了不同的声音。独孤及认为：既然有着治国理政之才，既然有着非凡的洞察力，既然能够为别的诸侯国出谋划策，季札就应该为吴国履行自己的职责，可是，他却一而再再而三逃避嗣位，由此还造成了吴国的祸乱。季札让位，其实是不忠不孝、不仁不智，一味过度保护自己的名声，是自私而不负责任的。

【原文】

谨按：季子三以吴国让，而《春秋》褒之。余征其前闻于旧史氏，窃谓废先君之命，非孝也；附子臧[①]之义，非公也；执礼全节，使国篡君弑，非仁也；出能观变，入不讨乱，非智也。左丘明、太史公[②]书而无讥，余有惑焉。

夫国之大经，实在择嗣。王者所慎，德之不建，故以贤则废年，以义则废卜，以君命则废礼。是以太伯[③]之奔勾吴也，盖避季历[④]。季历以先王所属，故篡服嗣位而不私。太伯知公器有归，亦断发文身而无怨。及武王[⑤]继统，受命作周，不以配天之业让伯邑考[⑥]，官天下也。彼诸樊[⑦]无季历之贤，王僚[⑧]无武王之圣，而季子为太伯之让，是徇名也，岂曰至德？且使争端兴于上替，祸机作于内室，遂错命于子光[⑨]，覆师于夫差[⑩]，陵夷不返，二代而吴灭。

以季子之闳达博物，慕义无穷，向使当寿梦[⑪]之眷命，接余昧[⑫]之绝统，必能光启周道，以霸荆蛮。则大业用康，多难不作，阖闾安得谋于窟室？专诸[⑬]何所施其匕首？

呜呼！全身不顾其业，专让不夺其志，所去者忠，所存者节。善自牧矣，谓先君何？与其观变周乐[⑭]，虑危戚钟[⑮]，曷若以萧墙为心，社稷是恤？复命哭墓，哀死事生，孰与先衅而动，治其未乱？弃室以表义，挂剑以明信[⑯]，孰与奉君父之命，慰神祇之心？则独守纯白，不干义嗣，是洁己而遗国也。国之覆亡，君实阶祸。且曰非我生乱，其孰生之哉？其孰生之哉？

【注释】

① 子臧：姬姓，名欣时，一作喜时，春秋时期曹国公族，曹宣公之子。曹宣公死后，公子负刍杀太子而自立为国君，即曹成公。诸侯和曹国人都认为新立的曹君不义，晋国抓住曹成公，诸侯欲让周天子立子臧为曹君，子臧离开曹国，以成全曹君继续在位。后世赞颂子臧让国之举，称其为节士。

② 左丘明、太史公：左丘明即《左传》作者，春秋时期鲁国人；太史公即《史记》作者司马迁。

③ 太伯：又称泰伯，季札的祖先，被孔子赞美为“至德”之人。太伯本是周朝王位继承人、周太王长子，但其父太王有意传位给幼子季历以及孙子昌，于是泰伯就主动让位，来到荒芜的荆蛮之地，断发纹身，以示避让决心，后建立了吴国。

④ 季历：周太王幼子，太伯之弟，周文王之父。

⑤ 武王：即周武王姬发，周文王姬昌之子，西周的开国君主。

⑥ 伯邑考：周文王嫡长子，武王之同母长兄。姬姓，名考。

⑦ 诸樊：吴王长子，季札之兄。

⑧ 王僚：即吴王僚，姬姓，名僚，号州于，吴王寿梦第三子余昧（亦作夷昧）之子，在寿梦长子诸樊、次子余祭、三子余昧之后继承王位。后被其堂兄弟公子光的刺客专诸刺杀。

⑨ 子光：公子光，即吴王阖闾（前537—前496年），一作阖庐，姬姓，名光。诸樊之子。余昧病故，其子僚即位。阖闾心有不甘，认为父亲兄弟四人，应当传位给叔父季子。季子既然不接受

国家，自己就应当继位。故派刺客专诸刺杀吴王僚，由此夺得吴国王位。

⑩ 夫差：吴王阖闾之子。阖闾为越王勾践所伤而死，夫差继位，誓报父仇。夫差好战，连年兴兵，曾在夫椒之战中大败越国，攻破越都会稽。勾践不忘会稽之耻，逐渐恢复国力，趁吴国空虚而伐吴，吴国被灭，夫差自杀。

⑪ 寿梦：吴王，季札之父。

⑫ 余昧：亦作夷昧、夷末。谥号吴度王。为寿梦之子，诸樊、余祭之弟，余祭去世后继承王位。

⑬ 专诸：刺客专诸，由伍子胥推荐给公子光。公子光欲杀吴王僚自立，与专诸密谋，在宴请吴王僚之际，藏匕首于鱼腹之中进献，当场刺杀吴王僚，专诸亦被杀。

⑭ 观变周乐：从周朝的音乐中观察各国的兴衰变化。季札观乐，事见《左传·鲁襄公二十九年》。季札奉命出使鲁国时，请求观赏周王室的音乐歌舞。

⑮ 虑危戚钟：从戚地的钟声中思虑到处境的危险。事见《左传·鲁襄公二十九年》。季札出使诸国，将宿于戚地（春秋时卫国大夫孙文子的封邑），听闻孙文子奏乐击钟之声，就提醒孙文子处境危险。

⑯ 挂剑以明信：把宝剑挂在徐君墓前表示讲信用。事见《史记·吴太伯世家》。季札出使时路过徐国，徐国国君喜爱季札的宝剑而不敢说出口。季札明白徐君心思，因要出使别国，未予赠剑。等到出使结束回到徐国，徐君已死，季札将宝剑挂在徐君墓前而去。

【译文】

季札三次推让继承吴国王位，《春秋》这部经典对这种做法大加褒扬。我从过去的史书中验证了以前听到的这种说法，私下认为，不听先王的指令，不能叫作孝；比附子臧让位的义举，不能叫作为公；坚持长子继承的礼制，保全个人的节操，却使得国权被篡夺而君王被杀死，不能叫作仁；出使外国能观察到变乱的征兆，在自己国内却不去讨伐叛乱，不能叫作智。左丘明《左传》和司马迁《史记》记述季札之事，却没有讥刺批评，我感到迷惑不解。

国家最重要的纲常，就在于选择君王的继承人。君王所担心的，是不能立有德的人为嗣君，所以不管年龄大小，而是按照是否贤德能干来择嗣；不去占卜，而是按照是否仁义来择嗣；不是恪守礼制，而是按照君王的指令来择嗣。因此吴太伯出走到句吴，是为了避开继位权而让季历顺利继承王位。季历遵照周太王的嘱托，他继承王位并不是为自己打算。太伯知道王位有了归属，就按照吴越的风俗剪短头发、在身上刺花纹，完全融入到吴越的生活中去，也毫无怨言。周武王继承王位，承受天命，建立了周朝。他本来不是长子，但也没有把建立周朝的事业让给长兄伯邑考，这是以天下为公有。诸樊没有季历的贤能，王僚没有武王的圣明，但季札却像太伯那样让出国君的位置，这是想要让天下人知道自己的名声，怎么能与太伯的盛德相比呢？况且季札这样做，使得王位更替之时国内发生了争端，王族内部兴起了祸乱，于是公子光杀了僚并篡夺了王位，到了公子光的儿子夫差，就使吴国军队被越王勾践打败。国势衰落，不能恢复，父子只传了两代，吴国就灭亡了。

以季札这样思想通达、知识渊博、追求道义永无止境的资质，如果先前承担寿梦的遗命，在余昧死后继承王位，就一定能够发扬光大周朝宗系的统治，称霸江南。这样的话，吴国也就能够因而安泰，许多祸乱也就不会发生了。阖闾怎么能在地窟密室里密谋夺位呢？专诸又怎么能够用到他的匕首呢？

唉！保全自身声名而不顾吴国的大业，坚决推让而不放弃自己的意志，丢掉的是大忠，保存的是小节。季札擅长自我养护，可是他怎么向死去的君王交代呢？季子与其从周朝的音乐中观察各诸侯国的兴衰变化，从戚地的钟声中觉察到孙文子处境危险，为何不多关心自己家兄弟之间的祸患，多忧虑自己国家的安危呢？与其到吴王僚墓上去哭祭回报，哀悼已死的吴王僚，侍奉活着的公子光，为什么不在争端发生前就设法阻止，为什么不能积极阻止祸乱发生呢？与其用抛弃王室表示自己的节义，把宝剑挂在徐君墓前表示为人守信用，为什么不能遵奉君父寿梦的遗命而继承王位，来安慰他的在天之灵呢？这不过是自己要保持所谓的纯洁，不追求合理继承王位，这是撇清了自己而抛弃了国家啊！吴国的灭亡，季札才是祸患的真正根源。他还说“不是我引起的祸乱”，那么到底是谁引起的呢？到底是谁引起的呢？

【今评】

春秋末期，周王室逐渐衰微，礼崩乐坏，同室操戈，异室对峙，各诸侯国野心勃勃，互相杀伐征战，意图登上霸主的宝座。吴国的季札却多次让出王位，放弃国君权柄。这在当时的确引人注目。

“三让”之称并非起源于季札，其祖吴太伯已有“三让”之事。“三让”一词最早出现于《论语·泰伯》，孔子高度赞扬吴太伯的高风亮节；“太伯三让以成周”的故事在《史记》中也有记载，二书都赞其为“至德”。而至德的核心，是天下为公、谦让不争，本质是天下大同的仁心、仁德。太伯奔吴、三让天下，为三代后西周统一天下奠定基础。季札的三让，乃是自身贤能以让，是对周礼的继承和遵守。其实，季札总共让位五次，他前后让了诸樊、余祭、余昧、僚、光。历史上称其为“三让”，“三”是“多”的意思。他能够守礼让国，坚持道义，这样的胸襟世所罕见，与太伯“天下为公”的“至德”一脉相传。太伯三让与季札三让，构成吴国历史上的“前三让”与“后三让”。

对于季札三让，褒贬不一，《论语》《左传》《史记》等都是称赞有加，而唐人独孤及却石破天惊地指出季札辞国让位才是吴国生乱的根源，他将季札说成是沽名钓誉之徒。这应该跟他个人所经历的时世有关。其实，独孤及如果能平心静气地回顾历史，应该能够看到，历史上贤明博学、仁义忠厚的人，当上国君之后，也不一定都能把国家带往太平盛世。靠一己的努力平定天下，这个想法实在是太简单、太天真了。同时，用历史发展的眼光来看，吴国的兴盛衰亡，并不是个人的行为能够左右的，历史的发展进程也不可能以个人意志为转移，季札的让国不是、也不可能是造成吴国混乱局势以至灭亡的根源。

汉将李陵论

〔唐〕白居易

【作者简介】

白居易（772—846 年），字乐天，号香山居士，唐代诗人，与元稹共同倡导新乐府运动，世称元白。其诗歌题材广泛，语言平易通俗，有诗魔、诗王之称。历唐宪宗、唐穆宗朝，官至翰林学士、左赞善大夫。他任左拾遗时，竭尽言官职责以图报宪宗知遇之恩，上书言事多被采纳，但也因过于直言令宪宗不快。元和十年（815 年），白居易因上表主张缉捕行刺宰相武元衡的凶手，被批越职言事，又得罪权贵，遭到诽谤，被贬江州司马。白居易的思想以此为转折点，被贬前慷慨激昂，怀“兼济天下”之志；被贬后消极倦息，守“独善其身”之心。白居易在政坛上活跃奋发的时期，是在宪宗朝。白居易晚年的政治生涯，在穆宗朝，已经是意志消沉。

【文中人物介绍】

李陵（？—前74年），字少卿，西汉名将飞将军李广之孙。天汉二年（前99年），汉武帝命妻兄李广利率兵三万，在天山打击匈奴右贤王，又命李陵率兵五千牵制匈奴兵力，以减轻李广利的压力。李陵与匈奴三万骑兵不期而遇，打了胜仗。单于见初战不利，又调八万骑兵围攻李陵。李陵以五千步兵对抗匈奴十万大军，坚持了八天，杀敌万余人，汉军死伤过半，弹尽粮绝，眼见援兵无望，李陵投降匈奴。

李陵战败投降的消息传到朝廷，汉武帝大怒，当时群臣几乎一边倒谴责。只有太史令司马迁为李陵辩解。一说是因为李陵战败，李广利未能如愿建功，汉武帝以为司马迁诬蔑诋毁李广利，司马迁因此被捕入狱，并被处以宫刑。李陵在匈奴一年多后，汉武帝悔悟到李陵战败投降是无救援之故，派公孙敖率兵进入匈奴寻找李陵，公孙敖无功而返，报告汉武帝说，他们活捉到匈奴士兵招供，是李陵在帮单于训练士兵对抗汉军。史料证明，这是个假消息。但当时的汉武帝闻言暴怒，将李陵的母亲、弟弟、妻子、儿女全部诛杀。而李陵投降后，匈奴单于钦佩李家世代为将的名望，看重李陵打仗时的勇猛，封李陵为右校王，还把女儿嫁给了李陵。汉昭帝即位后，以往与李陵交好的大将军霍光、左将军上官桀派李陵的三位朋友，到匈奴招李陵归汉。李陵说："我已着胡服。"他还说："回去容易，只怕再次蒙受耻辱，又能怎么办呢？丈夫不能一再受到屈辱。"李陵决意留在匈奴，二十余年后病死。

【题解】

据传，白居易写作此篇时尚未及第。他愤怒指责李陵卑躬屈膝的投降变节行为，书生意气，挥斥方遒。作者生活在中唐时代，当时藩镇割据，外地将领拥兵自重、目无天子，成为朝廷心腹大患。而朝中的一些大臣却主张妥协退让。作者撰写此文，明显有着以古鉴今的意味。本文强调为人臣子应为国尽忠守节，不惜牺牲生命维护国家尊严，无疑有着一定积极意义。

本文所论，是汉代名将李陵兵败归降匈奴的事。作者认为，李陵当时如果在身陷重围时拼死报效汉朝，不仅战功是当时之最，气节也能永垂史册，必将福荫子孙。可是李陵选择了归降匈奴，不仅玷污了家族的名声，更是辱没了汉朝的声威，于家于国，于公于私，一无可取。白居易还委婉地批评司马迁对李陵的袒护。

【原文】

论曰：忠、孝、智、勇四者，为臣为子之大宝也。故古之君子，奉以周旋。苟一失之，是非人臣人子矣。汉李陵策名[①]上将[②]，出讨匈奴。窃谓不死于王事，非忠；生降于戎虏，非勇；弃前功[③]，非智；召后祸[④]，非孝。四者无一可，而遂亡其宗，哀哉！予览《史记》《汉书》[⑤]，皆无明讥，窃甚惑之。司马迁虽以陵获罪[⑥]，而无讥可乎？班孟坚[⑦]亦从而无讥，又可乎？按《礼》云："谋人之军师，败则死之。"[⑧]故败而死者，是其所也。《春秋》所以美狼瞫[⑨]者，为能获其死所。而陵获所不死，得无讥焉？观其始，以步卒深入虏庭，而能以寡击众，以劳破逸，再接再捷，功孰大焉；及乎兵尽力殚，摧锋败绩，不能死战，卒就生降。噫！坠君命，挫国威，不可以言忠；屈身于夷狄，束手为俘虏，不可以言勇；丧战勋于前，坠家声于后，不可以言智；罪逭于躬，祸移于母，不可以言孝；而引范蠡[⑩]、曹沫[⑪]为比，又何谬欤？且会稽之耻，蠡非其罪；鲁国之羞，沫必能报，所以二子不死也。而陵苟免其微躯，受制于强虏，虽有区区之意，亦奚为哉？夫吴、齐者，越、鲁之敌国。匈奴者，汉之外臣。俾大汉之将，为单于之擒，是长寇雠、辱国家甚矣！况二子虽不死，无陵生降之名；二子苟生降，无陵及亲之祸。酌其本末，事不相侔，而陵窃慕之，是大失臣子之义也。观陵答子卿[⑫]之书，意者但患汉之不知己，而不自内省其始终焉。何者？与其欲刺心自明，刎颈见志，曷若效节致命，取信于君？与其痛母悼妻，尤君怨国，曷若忘身守死，而纾祸于亲焉？或曰：武帝不能明察，苟听流言，遽加厚诛，岂非负德？答曰：设使陵不苟其生，能继以死，则必赏延于世，刑不加亲，战功足以冠当时，壮节足以垂后代。忠、孝、智、勇四者立，而死且不朽矣，何流言之能及哉？

呜呼！予闻之古人云："人各有一死，死或重于泰山，生或轻于鸿毛。"[⑬]若死重于义，则视之如泰山也；若义重于死，则视之如鸿毛也。故非其义，君子不轻其生；得其所，君子不爱其死。惜哉陵之不死也，失君子之道焉。

故陇西士大夫以李氏为愧，不其然乎？不其然乎？

【注释】

① 策名：古代入仕任职需要书名于册以明系属，故以策名代指任职。

② 李陵在汉武帝时任骑都尉，是高级武官。

③ 弃前功：李陵出击匈奴初期，曾屡打胜仗，后来投降匈奴，可谓前功尽弃。

④ 召后祸：李陵归降匈奴后，汉武帝大怒，诛其全家。

⑤《史记》《汉书》：西汉司马迁所撰中国古代第一部纪传体史书《史记》、东汉班固所撰中国古代第一部纪传体断代体史书《汉书》，均记载了李陵出击匈奴之事。

⑥ 李陵投降的消息传到朝廷，汉武帝大怒，太史令司马迁为其辩解，称李陵是在不得已的情况下暂降匈奴，等待时机报效朝廷。汉武帝认为司马迁在为叛臣辩解，定为“诬罔”之罪，按律当斩。后司马迁以腐刑（宫刑）赎身。

⑦ 班孟坚：即班固，字孟坚。东汉史学家、文学家。

⑧ 此句出自《礼记·檀弓》，意思是说替君主部署指挥军队，若是兵败，就应该以身殉职。

⑨ 狼瞫：春秋时期晋国人。原为晋军中一小将，因斩杀俘虏的秦将，被晋襄公称赞勇气可嘉而任命为车右。后被中军将先轸免职。他英勇正直，在彭衙之战中主动请缨，率领部下突入秦军，拼

死作战，壮烈牺牲。

⑩ 范蠡：字少伯，春秋末期政治家、军事家、经济学家。越王勾践的重要谋臣。越与吴战，勾践未听范蠡劝谏，执意发兵，为吴王夫差所败，退守会稽山。后勾践、范蠡入吴为奴三年。最终范蠡辅佐勾践灭吴国，功成隐退。

⑪ 曹沫，春秋时期鲁国人。以勇武事鲁庄公。齐桓公伐鲁，曹沫率军抵御，三战皆败。鲁庄公献邑请和，与齐桓公在柯地订立盟约，曹沫拿着匕首挟持齐桓公，逼其退还了鲁国土地。

⑫ 子卿：苏武，字子卿，汉武帝天汉元年（前 100 年）奉命以中郎将持节出使匈奴，被扣留。面对匈奴多次威胁利诱，宁死不降。后来被迁到北海（今贝加尔湖）边牧羊，匈奴扬言要等公羊生子才能放他回国。苏武历尽艰辛，留居匈奴十九年，持节不屈。至始元六年（前 81 年）才回到汉朝。

⑬ 此句出自司马迁《报任安书》，原文作“人固有一死，或重于泰山，或轻于鸿毛”。

【译文】

我认为，忠、孝、智、勇这四个方面，是为人臣、为人子最珍贵的东西。所以古代的君子，将其奉为立身行事的准则。一旦践踏了应当遵循的准则，也就不配为人臣、为人子了。汉代的李陵名列大将军之册，出兵征讨匈奴，我私下认为，他不为国家的事业而牺牲，这是不忠；活着投降匈奴，这是不勇；放弃先前的战功，这是不智；招致后来的祸患，这是不孝。在忠、孝、智、勇四个方面，没有一个是应该像他这样做的，因而最终灭亡了自己的宗族，真是可悲啊！我翻阅《史记》《汉书》，发现对李陵都没有明确的批评，为此感到很是疑惑。司马迁虽然是因为李陵而获罪的，然而对李陵没有明确的批评，这是对的吗？班固也跟着附和司马迁而对李陵没有明确的批评，这也是对的吗？按照《礼记》所说："为君主的军队谋划，如果失败就要为此而死。"兵败则以身相殉，这就是死得其所。《春秋》之所以赞美晋国将军狼瞫，就是因为他死得其所。然而李陵到了应当就义之所却苟且活了下来，难道不该受到批评吗？我看他最初带领步兵深入到匈奴的领地，而且能凭借少量的兵力战胜为数众多的敌兵，以长途奔袭的部卒打败有充分准备、驻守当地的敌兵，胜仗一场接着一场，还有谁比他的功劳大？然而到了兵力衰竭、弹尽粮绝的危急时刻，谋略遭受摧折，无法挽回败局，他不能拼死一战，最终自己活着投降匈奴。唉！辜负了国君交代的使命，挫败国家的声威，不能称作忠；在匈奴那里屈辱求生，束手就擒成为俘虏，不能称作勇；丧失战功在前，毁坏家族名声在后，不能称作智；只顾自己逃脱罪责，而将灾祸转移到母亲身上，不能称作孝；他却在《答苏武书》中引范蠡、曹沫这两位来作比较，为自己开脱，又是多么荒谬！况且越王勾践被围困在会稽山上的耻辱，不是范蠡的过错；鲁国蒙受羞辱之仇，曹沫一定能报，所以这两位不存在为保全节义而死的情况。然而李陵苟且偷生，甘愿降低身份活下来，卑贱地受制于强敌匈奴，即使他真有拳拳报国之心，又能有什么作为呢？范蠡和曹沫的时代，吴国、齐国，是越国、鲁国的敌国，他们面对的是国与国之间平等的较量。匈奴是汉朝的外臣，一个大汉的将军，被臣国的单于活捉，这是助长仇敌的气焰、严重地侮辱了国家！况且，即便说范蠡、曹沫这两位没有殉国，但没有像李陵那样背负苟活投降的恶名；这两位苟活投降，也没有像李陵那样把灾祸延及到父母亲人。考察这些事情的始末，李陵与这两位并不相同，然而李陵却钻了空子，说自己是仰慕效仿范蠡、曹沫的行为，这是失尽了为人臣、为人子的道义啊。我看李陵回复苏武的信，他心里想的只是埋怨汉朝不了解自己，却没有自我反省这件事的始终。为什么呢？与其想要刺穿心脏自我表白，割下头颅表明心志，哪里比得上尽到臣子的节操、献出生命，以此取信于君王呢？与其为母亲、妻子之死而痛心、悼念，责备君王、埋怨国家，哪里比得上坚守节义、舍生忘死，从而解除父母亲人的祸患呢？有人说：汉武帝不能严明考察具体情况，只是匆匆忙忙根据道听途说，就立刻对李陵的家人处以极致的杀戮，难道不是辜负了李陵对汉朝立下的功劳吗？我认为，假如李陵不是苟且偷生，战败之后从容赴死，那么朝廷给他的奖赏定会延及他的后代，刑罚也不会施加在他的亲人身上；那么，李陵的战功在当时就会首屈一指，他的豪壮气节足以为后世垂范。忠、孝、智、勇四者就都成立了，他虽然战死，却将永垂不朽，哪有流言蜚语能伤害到他呢？

唉！我听古人说："人各有一死，有的人死得比泰山还重，有的人活着比鸿毛还轻。"如果死比义重要，那么我们看待自己的生命就如同泰山一样崇高；如果义比死重要，那么我们看待自己的生命就如同鸿毛一样轻微。所以不是出于守义，君子不会轻视自己的生命；到了该牺牲的时候，君子不会吝惜自己的生命。可惜啊，李陵没有殉国，背离了君子该行的正道。所以从此以后，陇西的士大夫们皆以李氏为耻，难道不是很合情理吗？难道不是很合情理吗？

【今评】

关于李陵投降匈奴的事，史学界一直有争议，历朝历代对李陵的评价褒贬不一。此文中，白居易对李陵的谴责有些偏激，对司马迁的批评也有失公允。

关于对李陵的评价，司马迁在《史记·李将军列传·李陵传》和《报任安书》，详述了李陵投降匈奴和自己遭受宫刑的始末。他曾高度评价李陵“事亲孝，与士信，临财廉，取与义”，“有国士之风”，认为李陵投降并不是贪生怕死，而是另有谋划。李陵带领五千步兵迎战匈奴数万大军，战斗十余天，杀敌一万多，功大于过，虽败犹荣。当然，司马迁也不得不说李陵失节“隤其家声”，“自是之后，李氏名败，而陇西之士居门下者皆用为耻焉”。《汉书》中关于李陵的记载，班固突破一贯严谨简略的叙事风格，不仅详细描写，还大力渲染李陵战败的悲壮色彩，揭露汉武帝晚年法令无常，大有《史记》遗风。司马迁和班固的看法基本一致，都认为：李陵被匈奴活捉而没有自尽，必定是另有谋划，想要伺机归报汉朝，希望汉武帝宽恕李陵投降的罪过，而汉武帝不由分说诛杀李陵的家人，实际上是断绝了李陵的回归之路。司马迁和班固对李陵给予了明确的同情和宽容。而由于《史记》《汉书》的观点，以及文势汹涌的李陵所作《答苏武书》产生了广泛而深远的影响，所以，人们谈起李陵，往往谴责汉武帝薄情寡恩，对李陵寄予深深的同情，而对于他的降敌变节，则有意忽略。正如清朝顾炎武所说，“文章之士多护李陵”。

西晋刘琨在出任并州刺史途中所作的《扶风歌》云：“惟

昔李骞期，寄在匈奴庭。忠信反获罪，汉武不见明。”将李陵降敌看作不得已的“忠臣去国”，批判矛头直指汉武帝，几乎是在为李陵平反昭雪了。南朝宋裴松之注《三国志》，论及夷陵之战黄权叛蜀降魏、刘备宽厚原谅黄妻之事时说：“臣松之以为汉武用虚罔之言，灭李陵之家，刘主拒宪司所执，宥黄权之室，二主得失悬邈远矣。”同样也是责备汉武帝而同情李陵的。南朝宋江淹在《恨赋》中同情李陵“名辱身冤”。南北朝时期由南入北的庾信，曾在梁元帝时奉命出使西魏，后西魏攻克江陵，庾信被迫羁留长安，在西魏、后周先后任官职。他将李陵引为隔代知音，在作品中借李陵故事寄寓故国之思，反复以李陵自比，抒发不甘终老异域、不愿背负失节之辱的情怀。庾信这类作品的前提就是同情李陵。南朝梁钟嵘的《诗品》，确定了李陵诗作“上品”以及李陵“五言诗之祖”的地位，同情李陵“有殊才，生命不谐，声颓身丧”。

在唐代，除白居易以外，很少有人批评李陵，倒是有大批士人咏赞李陵，如李白、王维等。民间对李陵也是赞颂备至。敦煌变文中有“李陵变文”，结尾云：“身不由己降胡虏，晓夜方圆拟归国。今日皇天应得知，汉家天子辜陵得。”

在唐代白居易之外，宋代的张耒、明末清初的王夫之、顾炎武等人，也对李陵有所责难和批评。两汉经学时代，李陵是反面典型，但是人们大多哀其不幸、怒其失节。东汉王充批评司马迁“身任李陵”(《论衡》)。北宋张耒称司马迁为李陵辩诬的做法接近愚蠢；晚明王夫之说司马迁为李陵文过饰非，《史记》所载简直像是出自叛将李陵死党之手。顾炎武在《日知录·降臣》中批评文人对李陵的维护，指出“此说一行，则国无守臣，人无植节，反颜事仇，行若狗彘而不之愧也”。

品读本文不难发现，白居易批评李陵的出发点，是传统的伦理道德，即所谓忠、孝、智、勇。中华民族历来重视气节，与李陵同时期在匈奴的苏武，之所以千古美名传扬，就是因为他执汉节不屈服，苦熬十九年，彰显了汉家气节。而在白居易看来，李陵的降敌，不仅玷污家族名声，以致连累全家丧命，更辱没国家声威，是值得谴责的。他不解司马迁和班固记载李陵之事，却未加以评判指责，担心会助长战败而屈辱降敌的不良风气。白居易在文中引用司马迁“人固有一死，或重于泰山，或轻于鸿毛”的生死观来评价李陵，委婉指出司马迁没有以此标准衡量李陵的为人，实有袒护之嫌。

事实上，关于李陵降匈奴的评价，至今尚有争论，应当结合历史背景具体分析，不宜妄下论断。而作者写作此文的动机是可取的。文中强调，身为朝廷将领，在国家利益和威望面前，决不能以任何借口贪生怕死、屈膝降敌。这在藩镇割据、朝廷无力的中唐时代是有一定积极意义的。而文中所传达的理念，也正是白居易为自己所确立的立身准则和为官处世的宣言。

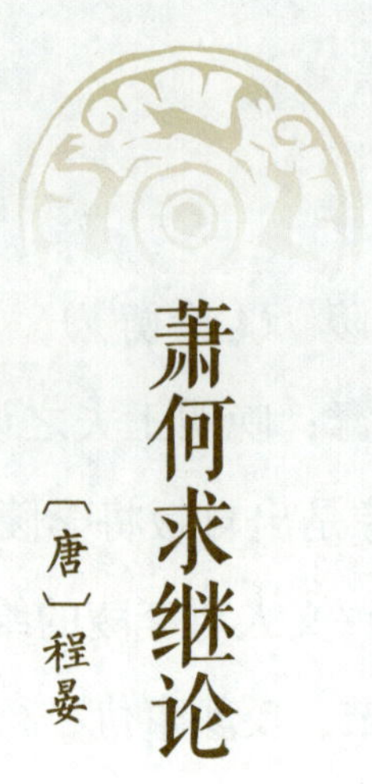

萧何求继论

〔唐〕程晏

【作者简介】

程晏，字晏然。唐昭宗乾宁二年（895 年）进士及第，唐昭宗称其“才藻犹赡，义理昭宣，深穷体物之能，曲尽缘情之妙，所试诗赋辞艺精通，皆合本意”。程晏著作大多散失，《全唐文》收录程晏七篇短小精悍的杂文，其文长于议论，风格接近皮日休、陆龟蒙，喜做翻案文章。

【文中人物介绍】

曹参（？—前 189 年），字敬伯，沛县（今属江苏徐州）人，西汉开国功臣，汉朝第二位相国，史称曹相国。秦时为沛县狱吏。秦末，与萧何等人从刘邦起兵，屡立战功，封平阳侯。出任齐国相辅佐齐王刘肥。汉惠帝时，继萧何后任相国。

据史传记载，曹参入朝为相，所有事务全盘照搬萧何制定的法规，自己无所事事，日夜享受美酒。来访的人想要劝他，客人一到，曹参就不停地劝酒、敬酒，客人始终没有说话的机会。汉惠帝见曹参似乎什么都不干，实在看不下去，就吩咐曹参的儿子曹窋私下里劝劝。未曾想曹窋开口一劝，挨了曹参二百鞭子。汉惠帝责备曹参，说："你打曹窋干什么？是我叫他劝你的。"曹参赶忙摘下冠冕，向惠帝谢罪，说："论圣明英武，陛下您觉得您和汉高帝相比怎么样？"惠帝说："我怎么敢跟先帝相比？"曹参又问："论贤能才智，您觉得我与萧何相比怎么样？"惠帝说："你好像比不上他。"曹参说："陛下，这就是了啊。高帝与萧何平定了天下，法令法规非常明确。如今，陛下您垂衣拱手，不必劳烦；曹参我恪守旧规，不发生失误，不就可以了吗？"惠帝说："好的。你不用再说了。"

影响曹参的，除了萧何，还有一个人，这就是盖公。盖公是汉初齐地胶西人。汉朝平定天下之初，齐人争先恐后投奔刘邦，只有盖公隐居，不愿当官。曹参到齐地任丞相，遍请长者儒生，向他们请教治齐之策。曹参听说盖公特别精通黄老之学，就派人持厚礼请来。盖公说：“治理政事，贵在清净无为，老百姓自然安定。”他向曹参详细解说，曹参恭恭敬敬把盖公当老师敬奉，齐地果然安定祥和。直到曹参到朝廷为相，用的依然是盖公之策，百姓安居乐业而无不称颂他。盖公虽然指点曹参，但他自己一生都没有做过官。北宋苏轼曾在高密任太守，相传苏轼曾修建盖公堂，并作《盖公堂记》，表达对盖公和曹参的景仰之情。

【题解】

程晏这篇翻案文章主要是批评汉代贤相曹参的。作者生活的年代，大唐盛世风景早已成为过往，甚至呈现出苟延残喘的颓势。作者痛恨那些尸位素餐的官僚，写作此文予以影射和批判，因而有针砭时弊之效。曹参继萧何之后为相，依然遵循萧何制定的政策法令，主张清静无为，让百姓休养生息。这种政策，使得社会经济繁荣发展，是符合历史发展规律的，也受到历代史论家好评。而程晏则批评曹参没有建功立业，因此不配称为贤相。这种批评有失公允。

【原文】

读汉史者多曰：曹参守萧何之规[①]，日醉以酒。民歌[②]之曰："萧何为法[③]，讲若画一；曹参代之，守而勿失。载其清净，民以宁一。"其为汉之二贤相也至矣哉！

论曰：非也。暑牛之渴也，竖子饮之渟淖之污，牛渴已久，得渟淖之污，宁顾清泠之水乎？设使竖子牵之于清泠之水，则涤乎肠中之泥也。牛然后知渟淖之污，不可终日而饮之。百姓罹秦之渴已久矣。萧何曰："吾所以为法律，是权天下之草创也。吾不止此，将致君为成康[④]之君，使民为成康之民。"是牵民于清泠水也。曹参日荒于酒，惠帝[⑤]讯焉。参罔于惠帝曰："高帝[⑥]创之，陛下承之；萧何造之，臣参遵之。陛下垂拱，臣等守职。"惠帝以为是也，民又歌之也。呜呼！汉之民以汉之污，愈于秦之渴，不知牵于清泠之水，涤乎肠中之泥也。

萧何之传曹参也，若木工能构材而未果覆而终者，必待善覆者成焉。何既构矣，谓参为覆者。参守其构而不能覆，徒欺君曰："陛下不如高帝，臣参不如萧何。"善守可也，何废作哉？若不可以为废作，即文帝⑦除肉刑，不为汉主仁圣之最也。参不能孜孜其君于成康之政，不知己不能覆何之构，而荒于酒，幸不同羲和之诛⑧；贪位畏胜，饰情妄言，以惑君也，孰名为贤相耶？吾病汉史以萧何为善求继，以曹参为堪其后，故为之论。

【注释】

① 汉惠帝时曹参官至相国，完全因袭前任萧何既定律条。成语萧规曹随就出于此。萧何早年任秦沛县县吏，秦末辅佐刘邦起义，西汉建立后担任相国，史称萧相国。楚汉战争时，助刘邦战胜项羽。协助刘邦消灭韩信、英布等异姓诸侯王。刘邦死后，辅佐汉惠帝。惠帝二年去世。

② 民歌见于《史记·曹相国世家》和《汉书·萧何曹参传》，文字有出入。

③ 萧何为法：据史传记载，萧何参照秦法，取其适用者，作《九章律》。

④ 成康：指周成王、周康王。历史上有名的贤君。周成王姬诵，西周第二位君主。周成王继位时年幼，由叔父周公旦辅政，平定三监之乱。周成王亲政后，营造新都，大封诸侯，命周公东征，编写礼乐，加强了西周王朝的统治。周成王临终，托付召公、毕公率领诸侯辅佐太子姬钊登位，即周康王。在周成王、周康王之际，

天下安宁，史称成康之治。

⑤ 惠帝：刘盈（前 210—前 188 年），汉高祖刘邦嫡长子，西汉第二位皇帝。即位后，提拔曹参为丞相，政治清明，实施仁政，减轻赋税，施行与民生息的政策，使得经济繁荣、国泰民安。

⑥ 高帝：汉高祖刘邦（前 256—前 195 年），字季，汉朝开国皇帝。

⑦ 文帝：汉文帝刘恒，刘邦之子。在位期间曾废除肉刑。与汉景帝刘启统治期间，社会安定，百姓富裕，史称文景之治。

⑧ 羲和之诛：据史传记载，夏朝时，羲氏、和氏承袭祖上担任掌天文历法之官，因耽于饮酒，荒废职守，夏王仲康派胤侯征讨他们。

【译文】

读过汉代史书的，大多数都这样评论说：曹参处理政务，恪守萧何定下的规矩，自己每天都喝得醉醺醺的。百姓编歌谣唱道："丞相萧何制定法令，公平和谐整齐划一；曹参接替执掌相权，严守前法没有走样。施行政策清静无为，百姓安定心无二志。"这两位汉代的贤相，做到极致了啊！

我认为，不是这样的。盛夏的牛，在渴极了的时候，被牧童拉到死水潭去喝污水，牛已经渴了很久了，难道会认定不喝脏水，只喝干净清澈的水吗？假如牧童再把牛牵到干净的水边，牛再喝清水，就能清洗肠胃了。这样牛就知道，那死水潭中的污水，是不能整天喝的。汉朝初期，老百姓经受秦朝的灾难太久了，就像是盛夏渴了很久的牛。萧何说："我制定这些法令规章，是考虑到汉朝刚刚打下天下，根据初创时期的特点来制定的。我要做的并不只是这些，我要辅佐君王成为周成王、周康王那样的明君，要让百姓成为成康之治时的百姓。"这就好比是把渴极了的牛牵到了干净清澈的水边。曹参每天都喝得醉醺醺的，惠帝问他为什么要这样。曹参欺骗惠帝说："汉高祖创立了汉朝，陛下您继承下来；萧丞相制定了政策，臣曹参因袭下来。陛下您可以无为而治，我们这些臣子忠于职守就行了。"惠帝信以为真，老百姓也编了民谣传唱。呜呼！汉朝的百姓就像牛要喝水，却只能守着汉朝的污水，百姓以为在汉初饮用的污水，胜过在秦朝时的干渴，却不知道还有人能把这样干渴的牛牵到干净清澈的水边去洗去肠中淤泥。

萧何把丞相的位置传给曹参的时候，汉朝的基业好比是屋子架上了大梁，屋顶还没有盖好，造屋的工程完工，就看有没有善于做屋顶的工匠认真完成。萧何已经建好了屋架，就认为曹参能做完未了的工程，把屋顶盖上。

可是曹参却干守着屋架不管屋顶的事，还用空话蒙骗君王说：“陛下您不如汉高祖，臣子我不如萧何。”好好守着旧业也是可以的，为什么什么都不做，等于废弃了前人留下的功业呢？按曹参的说法，那么汉文帝废除残酷的肉刑，就不能算是汉朝君主中最仁慈最圣明的了。曹参不能兢兢业业帮助君王成就周成王、周康王那样的仁政；没有认识到自己不能完成萧何交付的大业，整天沉湎于饮酒，就像羲氏、和氏后期荒废职守那样，却还侥幸逃脱了惩罚；贪恋相位，担心才德胜过自己之人代替自己，掩饰自己的本心而虚妄言之，用这样的手段迷惑君王，怎么可以称为贤相？汉代史书认为萧何知人善任、善于选择接班人，又说曹参不负萧何所望、可以胜任相位，我认为这样说是不对的，所以专门议论这个问题。

【今评】

在曹参出任齐国相的九年里，他尊重当地风俗，以黄老思想作为施政原则，收到了理想效果。曹参继萧何之后登上相位，执行萧何制定的各项法令，并在选拔任用官员时，注重挑选为人宽厚的官员，对那些追求名声、过于严苛执行法令的官员则不予重用。曹参的无为，受到后世程晏愤愤不平的指责，却是当时曹参的聪明之处。秦法严苛，民怨沸腾，多年征战之后，百姓需要的不是严格约束，而是休养生息，曹参无为而治的政策，实际上是让战乱后的百姓能有足够的时间恢复。

曹参这样做，最初的确没有得到汉惠帝和各级官员的理解。他整日饮酒，还向上门规劝的官员敬酒，显得过于闲散放纵。但是曹参为相三年，百姓争相传唱歌谣赞颂他，说明久经战乱的民众更需要休养和安定，只有百姓的物质生活达到一定水平，教化和管理才能奏效。萧何制定的各项法令，对西汉初年大一统政权的巩固和发展起到了重要的作用，而曹参的“守而勿失”，则维护了国家大政方针的连续性，很是高明。

从表面现象上来看，曹参的行为很像是懒政。明明大权在握，明明可以大有作为，却整天逍遥自在、沉湎酒乡，试想一个国家的高级官员懒政不作为，的确非常可怕。特别是作者程晏所处的时代，唐朝已经在走下坡路，乱象丛生，亟待勤奋贤能的官员担当作为，因此，我们可以理解程晏内心的焦灼以及写作此文的初衷。

崔烈论

〔五代〕牛希济

【作者简介】

牛希济，陇西（今甘肃）人，词人牛峤的侄子。唐末乱世因遇丧乱，流寓于蜀。蜀主王建召他为起居郎，后累官翰林学士、御史中丞。后唐灭蜀，唐明宗拜牛希济为雍州节度副使。牛希济才思敏捷，作品丰富，以词著名，是花间派重要词人之一。为文长于政论，颇有见地，对当时的浮华文风有所批判。

【文中人物简介】

崔烈，字威考，东汉大臣。崔烈的祖上博学多才，崔氏辞赋闻名后世。《后汉书》有《崔骃传》，崔骃即崔烈的祖父。汉朝元和年间，汉章帝赏识崔骃，但未来得及委任。后来崔骃在车骑将军窦宪幕中，经常劝窦宪不要擅权放纵，被窦宪疏远后去官归里。他的孙子崔烈就大不相同了。汉灵帝时开鸿都门榜卖官爵，崔烈走了后门，通过汉灵帝傅母程夫人，只花五百万钱买到司徒官位。任命下达那天，汉灵帝对身边人说："可惜了，应该要他千万钱。"程夫人答道："崔公是冀州名士，哪里肯买官，幸亏有我从中撮合，才能得到这样的人才，陛下反而不知我的好心吗？"此后，人们耻于与崔烈来往，名声一落千丈。有成语"崔烈铜臭"，指的就是崔烈买官的事。

初平元年（190年），袁绍、袁术领兵讨伐董卓，崔烈之子崔钧时任并州西河郡太守，也积极参与其中。董卓得知，将崔烈逮捕入狱。初平三年（192年），董卓被诛，崔烈出狱，拜城门校尉。同年六月，凉州军攻破长安城，崔烈被杀。

【题解】

汉武帝刘彻首开买卖官爵之风，东汉灵帝时公然开鸿都门榜卖官爵。此风到唐末五代时又盛行起来。据记载，唐末宰相韦贻范大肆受贿，收钱就答应给官职。他因母丧暂时离职，结果每天都被债主催问。韦贻范起复后，第一要务就是给债主封官。蜀主王衍昏庸奢侈、朝政混乱，太后、太妃都可以出卖官职，官位一有空缺，就有很多人争着送钱，出价高者得到官职。

作者写作本文，首先追溯了买官卖官这种弊端的历史渊源，列举了种种现实表现和严重危害，驳斥了说崔烈首开恶俗风气的论调，严厉斥责了倡导这种风气的最高统治者。作者认为，崔烈买官是腐败制度下的必然现象，而且这种现象还比较普遍。买官的人固然可恶，更可恶的是这种现象的制造者，即不以仁义为道、一味敛财谋利的人君。

【原文】

汉室中叶，戎狄侵轶之患，边郡略无宁岁，兵连祸积，历世不已。天下以困，国用不足。榷酤租算[①]之外，方许民间竭产助国，出金赎罪，货镪以为郎[②]，以为经世之术、救弊之务。逮至桓灵之世[③]，天子要之百万，然后用为三公。崔烈常以贿求备位于公辅，问其子“外以我为何如”，对以铜臭之说，[④]垂于前史。

然近之人主，无桓灵之僻。自咸通[⑤]之后，上自宰辅以及方镇[⑥]，下至牧伯[⑦]县令，皆以贿取。故中官以宰相为时货，宰辅以牧守为时货，铨注[⑧]以县令为时货。宰相若干万绳，刺史若干千绳，令若干百绳。皆声言于市井之人，更相借贷，以成其求。持权居任之日，若有所求、足其欲，信又倍于科矣。争图之者，仍以多为愈：彼以十万，我以二十万；彼以二十万，我以三十万。自宰邑用贿之法，争相上下。复结驷连骑而往，观其堆积之所，然后命官。权幸之门，明如交易。——夫三公宰相，坐而论道，平治四海，调燮阴阳，为造化[⑨]之主；方镇牧伯，天子藩屏，以固宗庙社稷[⑩]之重；刺史县令为生民教化之首。——率皆如是，不亡何待？度其心而闻其谋，即皆贩妇之行。一钱之出，希十钱之入；十万者望二十万之获，三十万者图六十万之报。尽生民发肤骨髓，尚未足以厌其求。

汉之亡也，人主为之。国家之祸也，权幸为之。或曰：兆其衅者，崔氏之子，为不朽之罪人乎！武帝[⑪]开之于前，桓灵成之于后，以至今日，踵而行之而已。且烈之世，不闻教子以义方，不能遗子孙以清白，多藏若是，俸禄之所获乎？不及于昆弟亲戚矣，不施于邻里乡党矣，其贿赂得之乎？今日用之以远，不亦是乎？且桓灵之世，国家既危，丧乱日臻。烈能尽用以荣其身，他日之家牒且曰：“烈为相矣。不如是，亦群盗之所夺。”乃积之者过，非用之者罪也。被发而祭于野者，辛有[12]知其必戎，作俑者其无后乎？[13]仲尼惧其殉葬，盖知防其渐之日也。明明天子许而行之，何罪之有？崔子素无异闻，贪荣固利者，小人之常也；不施于亲戚，自图于爵位者，亦小人之常也，何足加其罪？

有国家者，不以仁义而务财利之道，许而行之，斯不可矣。不许而自行之，而不能知之，又不可矣。是亦覆国家者，不亦过乎？

【注释】

①榷酤租算：榷酤，官府专利卖酒。租，田亩税。算，算赋，即人丁税。

②货镪以为郎：指花钱买官。镪，本指穿钱的绳子，此处指钱。郎，泛指官吏。

③桓灵之世：汉桓帝、汉灵帝时代。汉桓帝刘志即位时，梁

太后临朝听政，外戚梁冀掌握大权。延熹二年（159年），刘志依靠宦官诛大将军梁冀，翦除其党羽，宣告东汉王朝外戚专权时代结束。自此，朝政转入宦官之手，东汉进入了更加黑暗的宦官专权时代。汉灵帝刘宏在位的大部分时期，施行党锢及宦官政治。设置西园，巧立名目搜刮钱财，甚至卖官鬻爵，所得钱财用于享乐。在位晚期，爆发了黄巾起义，而凉州等地也陷入持续动乱。

④ 事见《后汉书》，崔烈用五百万钱买得司徒官位后，曾问其子崔钧，外面人对其有何议论，答以“论者嫌其铜臭”，崔烈怒而举杖击之。这就是成语“崔烈铜臭”的由来。

⑤ 咸通：唐懿宗年号，860—874年。

⑥ 宰辅，宰相和三公，皇帝的辅政大臣。方镇，掌握州郡兵权的长官，如唐代的节度使。

⑦ 牧伯：州郡的行政长官。

⑧ 铨注：唐朝选拔人才，一是举士，属礼部；二是铨选。试、铨、注、唱是吏部铨选人才的程序，此处代指负责选拔人才的官署。

⑨ 造化：本指大自然，此处代指国家。

⑩ 宗庙社稷：宗庙是天子和诸侯祭祀祖先的场所，社稷指土神、谷神，代指国家。

⑪ 武帝：汉武帝刘彻（前156—前87年），汉景帝刘启之子。据史传记载，汉武帝时定下赎罪及买官之法。

⑫ 辛有：姒姓，周朝太史。周平王向东迁都洛阳的时候，辛有到了伊川，见到披着头发在野外祭祀的人，说：“不到一百年，这里就要变成戎人居住的地方了。因为礼仪已经先消亡了。”果然，秦国和晋国把陆浑之戎迁到了伊川。

⑬ 孔子批评开始用土木偶人殉葬的人，典出《孟子·梁惠王上》。

【译文】

西汉中期，西边和北边的匈奴部落常常侵犯边境，边陲简直没有安定平静的日子，接连不断的战争带来了无穷的灾祸，日复一日，年复一年，整个国家都像是被拖进了泥潭，国库也空虚了。各种专利赋税的收入已不够用，还需从民间收取赎罪和买官的钱财用来作为资助，以此作为治理国家的方法、纠正弊端的重大任务。到了东汉后期的汉桓帝和汉灵帝，君王约价，花百万钱就能位居三公。崔烈曾经花钱买到了司徒的官位，问他的儿子："外面人怎么评价我？"儿子回答说："议论你的人嫌弃你铜臭气太重。"这个故事，《后汉书》中有记载。

近代以来的君王，没有汉桓帝、汉灵帝那样的邪恶行为。可是，自从唐懿宗咸通年之后，上到君王的辅政大臣宰相三公和掌管兵权的节度使，下到地方政府的刺史和县令，都可以用钱财买到。宦官把宰相当成应市的畅销商品，宰相三公把地方州郡长官当成畅销商品，选拔人才的主管部门把县令当成畅销商品。买个宰相官位若干万贯，买个刺史若干千贯，买个县令若干百贯，向社会广泛宣扬，于是就有人互相之间借贷筹资，想方设法达到目的。等到得到了职位、掌握了权柄，如果想要什么来满足愿望的，所能获取的肯定是超过了法定薪俸的多少倍。竞相谋取官位的，仍采用以多胜少的办法：他出十万，我用二十万来竞买；他出二十万，我加到三十万。从宰相到县令，用钱财买卖官职，争着喊价加价。接着就是车马络绎不绝，去看堆钱的地方，然后委任官职。有权有势的人家，成了公开买卖交易的场所。朝廷的宰相三公的本分，是日常论政务虚，研讨治国策略，协调治理国家事务；一方州郡长官的本分，是为天子树好屏障，保证国家各项重大事务井然有序；刺史、县令的本分，是推行百姓政教风化。可是现在都热衷于买卖官职，上上下下都是这样，除了亡国亡朝，还能等到什么结果？揣度这些人的心思，听到他们谋划的意图，其实都像是市场上摆摊的小商贩。一钱的成本，想得到十钱的利润；十万钱的投入，希望得到二十万钱的回报；三十万钱的投入，希望得到六十万钱的回报。得官之后，就是对老百姓敲骨吸髓、刮尽最后一丝肉、榨干最后一滴油，都满足不了他们的要求。

汉朝的灭亡，是君王自己造成的；国家的灾祸，是权贵们造成的。有人说，崔烈买官，开了邪恶风气的先例，他是千古罪人吧！其实，买官卖官的风气，是汉武帝首开，汉桓帝、汉灵帝时肆无忌惮、大行其道，到如今的愈演愈烈，只不过是跟着走罢了。再说崔烈那个时代，没有听说他教孩子以道义，不能把清白的名声留给子孙，而是积累了那么多财富，难道是薪俸得来的吗？崔烈的这些财富，没有馈赠给兄弟和亲属，也没有捐献给邻里乡亲，难道是受人贿赂得来的吗？后来崔烈又把受人贿赂得来的财富用于谋划长久利益，不也是可以的吗？况且到了桓帝、灵帝时期，国家的危机已经非常明显，衰亡和祸乱日益严重。崔烈还能用尽积累下来的钱财换取自身荣耀，猜想后来崔烈的家谱会记载说：崔烈用钱买了相位，如果不这样做，这些钱财也许会被盗贼抢走。看起来，似乎崔烈积蓄财富是最大的过错，如果这些不义之财给盗贼抢走了，或者给别人用完了，却都没有什么好指责的。周平王东迁后，周朝大夫辛有看到在野外祭祀的人披散着头发，就预言说："不出百年，这里就要变成戎人居住的地方了，因为人们已经完全不讲究礼数了。"孔子批评最初作俑殉葬的人应该没有后嗣子孙，是因为担心之后会有用人殉葬的事情发生，这是孔子知道防微杜渐的道理。明明白白是君王允许之后才这么做的，崔烈有什么错？崔烈一向没有奇特的品德和行为，贪图虚荣、守护私利，这本来就是小人的常态；钱财没有馈赠给亲属，而用来谋取爵位，也是小人的常态，有什么必要横加指责呢？

统治国家的人，却不讲究仁义道德，眼睛只盯着收取钱财，还公开允许普遍这样做，这是不可以的呀！即便君王本来没有允许，而下面的官员私自这样做，却不能看到这样做的危害，也是不可以的呀！因为这样使得国家覆灭，不也是很大的过错吗？

【今评】

唐末之政，在于权幸，权幸之门，贿官如市，前代之所罕见。牛希济还有一篇《铨衡论》，文中也提到“某官若干万钱，某邑若干束帛”，可见当时官爵买卖猖獗到了何等地步。古代历史上常见到相关记载，很多商人多方经营，跻身政界，将商业利润转化为官僚资本，那些新任官员亦官亦商，祸国殃民，遗患无穷。作者身处其世，看到了卖官鬻爵风气在唐末五代的恶性发展及其严重危害，内心不胜愤怒，他借历史人物针砭时弊，从汉代讲起，实则是指责当代。指出这种不良风气真正的罪人是掌握最高统治权的帝王，批判矛头直指封建帝王，表现了极大的勇气。文章论述严密，结构严谨，说理充分，语言也很流畅。

为君难论（节选）

〔宋〕欧阳修

【作者简介】

欧阳修（1007—1073年），字永叔，号醉翁，又号六一居士，吉安永丰（今属江西）人，谥号文忠，世称欧阳文忠公。北宋政治家、文学家、史学家。历仕仁宗、英宗、神宗三朝，官至翰林学士、枢密副使、参知政事。唐宋八大家之一，居宋六家之首。欧阳修领导北宋诗文革新运动，继承并发展了韩愈的古文理论。欧阳修晚年自号六一居士是在熙宁三年（1070年），在他一再被贬谪后改知蔡州（今河南汝南县）的这一年。他曾专门写了一篇《六一居士传》，解释这个别号的来历：家中藏书一万卷，集录三代以来金石遗文一千卷，有一张琴，有一局棋，常备着一壶酒，还有他本人，一个老头子杂在这五个“一”中间渐渐老去。这就是六一居士的由来。

【文中人物介绍】

苻坚（338—385年），字永固，氐族。前秦第三位君王。励精图治，推动五胡汉化，前秦一度经济繁荣、安定清平、家给人足。但因错误发动淝水之战，败给东晋谢玄率领的北府兵，导致前秦陷入混乱，苻坚则被后秦主姚苌杀害。

李从珂（885—937年），后唐末代皇帝。李从珂身为武将时，勇猛善战，屡立战功。应顺元年（934年），废黜唐闵帝李从厚后，自立为帝，年号清泰。李从珂治国无能，又不善用人，偏信庸才，致使国事日益败坏。清泰三年（937年），无力抵挡石敬瑭与契丹军队的进攻，自焚于洛阳。李从珂无谥号及庙号，史家称之为末帝或废帝。

石敬瑭（892—942年），后晋开国皇帝。原是后唐大将，后唐明宗李嗣源女婿，拜河东节度使，镇守晋阳（今太原）。因受到后唐末帝李从珂猜忌起兵反叛，被困太原，遂向契丹求援，割让幽云十六州，甘做“儿皇帝”。在契丹援助下，灭后唐，建后晋，为晋高祖。

【题解】

欧阳修《为君难论》写于庆历二年（1042年），分上下两篇，议论君王应该如何用人、听言，写作目的在于倡导言事之风，为即将推行的“庆历新政”做舆论准备。这里选录的是上篇，作者的核心论点是，作为君王，偏听偏信、主观武断，必将祸国殃民。

【原文】

语曰“为君难”者，孰难哉？盖莫难于用人。夫用人之术，任之必专，信之必笃，然后能尽其才，而可共成事。及其失也，任之欲专，则不复谋于人而拒绝群议，是欲尽一人之用，而先失众人之心也；信之欲笃，则一切不疑而果于必行，是不审事之可否，不计功之成败也。夫违众举事，又不审计而轻发，其百举百失而及于祸败，此理之宜然也。然亦有幸而成功者。人情成是而败非，则又从而赞之，以其违众为独见之明，以其拒谏为不惑群论，以其偏信而轻发为决于能断。使后世人君慕此三者以自期，至其信用一失而及于祸败，则虽悔而不可及。此甚可叹也。

前世为人君者，力拒群议，专信一人，而不能早悟以及于祸败者多矣，不可以遍举，请试举其一二。

昔秦[①]苻坚地大兵强，有众九十六万，号称百万，蔑视东晋，指为一隅，谓可直以气吞之耳。然而举国之人，皆言晋不可伐，更进互说者不可胜数。其所陈天时人事，坚随以强辨折之，忠言谠论皆沮屈而去。如王猛[②]、苻融[③]，老成之言也，不听。太子宏[④]、少子诜[⑤]，至亲之言也，不听。沙门道安[⑥]，坚平生所信重者也，数为之言，不听。惟听信一将军慕容垂[⑦]者。垂之言曰："陛下内断神谋足矣，不烦广访朝臣，以乱圣虑。"坚大喜曰："与吾共定天下者，惟卿耳。"于是决意不疑，遂大举南伐。兵至寿春，晋以数千人击之，大败而归；比至洛阳，九十六万兵，亡其八十六万。坚自此兵威沮丧，不复能振，遂至于乱亡。

近五代时，后唐清泰帝[⑧]患晋祖[⑨]之镇太原也，地近契丹，恃兵跋扈，议欲徙之于郓州。举朝之士皆谏，以为未可。帝意必欲徙之，夜召常所与谋枢密直学士薛文遇[10]问之，以决可否。文遇对曰：“臣闻‘作舍道边，三年不成’。此事断在陛下，何必更问群臣？”帝大喜曰：“术者言我今年当得一贤佐助我中兴。卿其是乎！”即时命学士草制，徙晋祖于郓州。明旦宣麻，在廷之臣皆失色。后六日而晋祖反，书至，清泰帝忧惧，不知所为。谓李崧[11]曰：“我适见薛文遇，为之肉颤，欲自抽刀刺之。”崧对曰：“事已至此，悔无及矣。”但君臣相顾涕泣而已。

由是言之，能力拒群议，专信一人，莫如二君之果也，由之以致祸败乱亡，亦莫如二君之酷也。方苻坚欲与慕容垂共定天下，清泰帝以薛文遇为贤佐助我中兴，可谓临乱之君各贤其臣者也。

或有诘予曰：“然则用人者，不可专信乎。”应之曰：“齐桓公之用管仲，蜀先主之用诸葛亮，可谓专而信矣，不闻举齐、蜀之臣民非之也。盖其令出而举国之臣民从，事行而举国之臣民便，故桓公、先主得以专任而不贰也。使令出而两国之人不从，事行而两国之人不便，则彼二君者，其肯专任而信之，以失众心而敛国怨乎？”

【注释】

① 秦：史称前秦（351—394年），是“五胡十六国”时期在我国北方出现的最为强大的少数民族政权。

② 王猛：王猛（325—375年），字景略，苻坚最看重的辅臣，人们常将他与诸葛亮并称。辅佐苻坚，对内改革弊政，对外翦灭群雄，帮助前秦统一北方。临终时告诫苻坚勿伐东晋，但苻坚不听，终有淝水之败。

③ 苻融：苻融（340—383年），苻坚的弟弟，宗室重臣，封阳平公，继王猛主持政务，淝水之战中殒命。

④ 太子宏：即苻宏（365—405年），苻坚长子，立为太子。苻坚兵败、前秦国乱，苻宏投奔东晋，后来参与桓玄叛乱兵败被杀。

⑤ 少子诜：苻诜（？—385年），苻坚幼子，时人目为神童，与苻坚同死。

⑥ 道安：道安（312—385年），前秦高僧，汉晋时期佛教思想的集大成者。

⑦ 慕容垂：慕容垂（约323—396年），字道明，小字叔仁，鲜卑族。投奔前秦，被任命为冠军将军，封宾都侯。他怂恿苻坚南下攻打晋国。前秦灭亡后成为后燕的开国君主。

⑧ 清泰帝：后唐末代皇帝李从珂，年号清泰，故称。

⑨ 晋祖：即五代十国时期后晋开国皇帝石敬瑭。石敬瑭镇守太原时得到要他调防的消息，说：“我本来不想起兵兴乱，是朝廷引

发的乱局。我怎么能束手待毙死在路上？”于是上书斥责李从珂是“明帝养子，不应承嗣”。

⑩ 薛文遇：后唐末期曾任枢密直学士，前期受李从珂信任，后因大言误国而被李从珂憎恨。

⑪ 李崧：李崧（？—948年），后唐丞相，李从珂的重要谋臣。后唐灭亡后曾滞留契丹，后投奔后汉高祖刘知远，受人诬陷而被灭族。

【译文】

《论语》上说“做君王很难”，难在哪里呢？大概最难之处，莫过于用人。说到怎么用人，那就是任用他要专一，信任他要笃定，这样才能把所用之人的才干发挥到极致，才能一起成就事业。而这么做的弊端，在于专用这个人，就不再跟别人商量谋划，而且拒绝众人的意见，这种做法是想要充分发挥一个人的作用，却早早失去了众人之心；坚定地信任一个人，丝毫不加质疑，立即决断并付诸实施，这种做法是没有考察事情是否可行，没有研究事情到底会成功还是失败。大凡违背众人意愿而办事，又没有考察权衡就随意采取行动，到头来做一百件错一百件，直至谋划失败造成灾祸，这些都是理所当然的。不过也有侥幸而建成功业的。人之常情往往认为，成功者就是正确的，失败者就是错误的，于是就赞扬侥幸成功的人，把他违背众意说成是有独到的见解，把他拒绝接受建议说成是不被众议所惑，把他偏听偏信、轻举妄动说成是果敢决断。假如后代君王仰慕这三种美德并且希望自己也能做到，等到他专信专用之人一旦失误、招致祸乱和失败，就是后悔也来不及了。这实在是让人扼腕慨叹啊！

前代君主，坚决排斥众人意见、只信任一个人，而不能及时醒悟，导致祸乱败亡的事例很多，无法全部列举，请允许我举一两个例子。

当年，前秦君主苻坚，领土辽阔，兵力强盛，士兵九十六万，号称百万大军，于是苻坚瞧不起东晋，认为东晋不过是狭小的一隅之地，简直可以一口气吞掉。可是当时前秦举国上下都说不能攻打晋国，轮番进言劝说的人数都数不过来。劝说的人分析天时与人事方面的理由，都被苻坚强词辩驳怼回去，忠言直论都受到挫败，委屈地退下。像王猛、苻融这样老成持重的忠臣劝说，苻坚听不进去；太子苻宏、幼子苻诜这样至亲骨肉劝说，苻坚听不进去；高僧道安，苻坚平时最信任、最敬重的长者，几次三番劝说，苻坚也听不进去。苻坚当时只听信一个人的话，就是将军慕容垂。慕容垂是这样说的：“陛下您英明神武，您在心里谋划决断就够了，不用那么麻烦广泛征求朝臣的意见，听多了反而扰乱您的思考。”苻坚听了非常高兴，说：“能和我一起平定天下的，只有你啊！”于是打定主意，不再有任何疑惑，立刻发兵向南进军。军队行进到寿春，受到晋军仅几千人的攻击，前秦军队便大败；撤回到洛阳时，苻坚的九十六万大军已损失了八十六万。苻坚从此军威丧失、士气低落，再也不能振作起来，最后走到国乱身死的境地。

近世的五代时期，后唐清泰帝李从珂对镇守太原的石敬瑭不放心，担心石敬瑭所处之地挨着契丹，可能会凭借兵力专横跋扈，就想把石敬瑭调到靠近后唐首都的郓州便于制约。满朝官员都来劝谏，认为不能这么做。可是李从珂执意要把石敬瑭调到郓州，夜里把平常经常商议国事的枢密直学士薛文遇召来询问，以决定可不可以这样做。薛文遇说：“微臣我听说一句俗话，说是‘在路边盖房子，三年也完不了工’，意思是路上议论的人太多，影响决断。石敬瑭的事陛下决定就可以了，为什么一定要征求诸位大臣的意见？”李从珂非常高兴，说：“算命的人说我今年应该有一位贤卿辅佐我的复兴大业，大概说的就是爱卿你吧！”立刻命学士起草诏书，调石敬瑭到郓州。第二天一早宣读诏书时，朝廷大臣们惊得脸色都变了。过了六天，石敬瑭宣布反叛的牒文到了朝廷，李从珂又担心又害怕，不知道怎么办，对旁边的大臣李崧说："刚刚看见薛文遇，我浑身发抖，真想亲自拔刀刺他。"李崧回答说："事情已经到了这一步，后悔也来不及了。"君臣只能互相看着痛哭流涕而已。

由此说来，能够力排众议、专信一人的，没有谁比得上苻坚和李从珂果断的了；因此带来的祸乱败亡，也没有谁比得上这两个君主惨烈的了。苻坚想和慕容垂共同平定天下，李从珂认定薛文遇是佐助中兴之良才，真可以说即将面临大乱的君主，各自还都认为自己重用了贤臣。

也许有人要反问我："这么说来，用人难道不能专信一人吗？"我回答说："齐桓公任用管仲，刘备任用诸葛亮，可以说是专信之极，没听说齐国、蜀国的官员和百姓对此有什么非议。大概是因为这两位贤臣的政令一出则全国上下都服从，这两位贤臣采取的行动则全国上下都得到便利，因此齐桓公、刘备得以专用此二人，而不考虑其他人选。假如管仲和诸葛亮发布的政令全国民众都不服从，采取行动弄得全国民众都感不便，那么这两位君主，难道还愿意专一地任用和信赖他们，以至于失去民心而招致民怨吗？"

【今评】

本篇列举前秦苻坚、后唐李从珂两位君王用人不当导致覆亡的历史事实，强调用人的重要性。作者文笔平直，用事详细，议论切题。结尾列举齐桓公、刘备信任管仲、诸葛亮的史实，将议论推进一层，强调用人是否得当，关键是所任用之人是否得民心、顺民意。客观而论，苻坚之败，其实并不在于他听信某人之言，也并不在于发兵攻晋；他的错误在于误判局势，又轻举妄动，孤注一掷、倾巢而出。李从珂之败，不仅是因为石敬瑭，也不仅是因为薛文遇，而在于其治国无能，任用庸才，致使国势日益衰颓；李从珂的覆亡，不过是时间早晚的事。而看不出这一点，则是作者的局限。

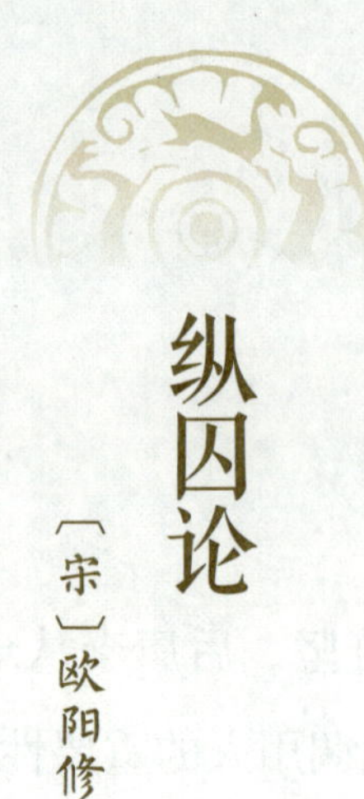

纵囚论

〔宋〕欧阳修

【作者简介】

见前。

【文中人物介绍】

唐太宗李世民（599—649 年），唐朝的第二位皇帝。李世民少年从军，为建立与统一唐王朝立下赫赫战功，封秦王。武德九年（626 年），发动“玄武门之变”，杀死太子李建成和齐王李元吉，当年即位，年号贞观。唐太宗知人善任，选贤任能，广开言路，虚心纳谏。文治天下，厉行节约，劝课农桑，轻徭薄赋，简法轻刑，实现休养生息、国泰民安，开创了“贞观之治”。

【题解】

唐太宗纵囚事见《资治通鉴》卷一百九十四《唐纪十》记载。贞观六年（632年），唐太宗审录在押囚犯，让死刑犯回家探亲，规定第二年秋天再回来接受死刑。到了规定时间，这些犯人都按期回到了监狱。唐太宗全部赦免了他们。

关于唐太宗“纵囚”的原因，据史评家分析，原因有二：一是贞观五年的张蕴古案让官员倾向于执法严苛，重判刑徒；二是唐朝大兴土木，劳民伤财，引发了执法危机。于是，唐太宗采取“纵囚”来纠正自己政治决策的失误，并缓和局势。

“纵囚”的确为唐太宗确立了宽仁慎刑、取信于民的形象。一般认为，贞观初年唐王朝有着强大的国家管控能力，地方管理严格精细、执行有力，所纵之囚姓名在案，行止有迹可循，便于追踪管理，足以防范纵囚的司法风险。但不得不承认唐太宗此举是一次司法冒险，也许就是因为风险太大，所以他此后再无纵囚之举。

作者一反前人称赞唐太宗仁政爱民的主流观点，作了此篇翻案文章。文章评论唐太宗释放死囚之事，旗帜鲜明地表示反对，认为这是标新立异，既违背情理，又违反法度，不是从完善国家制度出发，只是为了博取个人名声。

【原文】

信义行于君子，而刑戮施于小人。刑入于死者，乃罪大恶极，此又小人之尤甚者也。宁以义死，不苟幸生，而视死如归，此又君子之尤难者也。

方唐太宗之六年[1]，录大辟囚[2]三百余人，纵使还家，约其自归以就死。是以君子之难能，期小人之尤者以必能也。其囚及期，而卒自归无后者，是君子之所难，而小人之所易也。此岂近于人情哉？或曰：罪大恶极，诚小人矣；及施恩德以临之，可使变而为君子。盖恩德入人之深，而移人之速，有如是者矣。

曰：太宗之为此，所以求此名也。然安知夫纵之去也，不意其必来以冀免，所以纵之乎？又安知夫被纵而去也，不意其自归而必获免，所以复来乎？夫意其必来而纵之，是上贼下之情也；意其必免而复来，是下贼上之心也。吾见上下交相贼以成此名也，乌有所谓施恩德与夫知信义者哉？不然，太宗施德于天下，于兹六年矣，不能使小人不为极恶大罪；而一日之恩，能使视死如归，而存信义，此又不通之论也。

然则何为而可？曰：纵而来归，杀之无赦；而又纵之，而又来，则可知为恩德之致尔。然此必无之事也。若夫纵而来归而赦之，可偶一为之尔。若屡为之，则杀人者皆不死，是可为天下之常法乎？不可为常者，其圣人之法乎？是以尧、舜、三王[3]之治，必本于人情，不立异以为高，不逆情以干誉。

【注释】

① 唐太宗之六年：即唐太宗贞观六年（632 年）。

② 录大辟囚：录囚也称虑囚，即由皇帝或有关官吏亲自审察囚犯并且决定可否原宥减刑。大辟，死刑。

③ 三王：指夏禹、商汤、周文王和周武王，他们是儒家尊崇的古代明君。

【译文】

信义可以在君子中施行，而种种刑罚则针对小人而施行。被判处死刑的人，是罪大恶极的，又是小人中特别坏的人。宁愿为正义而死，也不愿苟且贪生，而且还视死如归，这作为君子也很难做到。

唐太宗即位后第六年，审查了死刑犯三百余人，放他们回家，约定到期自动回来接受死刑。这是君子都难以做到的事，却希望最坏的小人一定做到。到了规定的时间，那些囚犯都自动回来了，居然没有人逾期，这是君子难以做到的，而小人却很容易地做到了。这难道合乎人情吗？有人说：罪大恶极，确实是小人了；如果对他们采取恩德感化的手段，就可以使他们变为君子。恩德越深入人心，人的转变速度就越快，才有这样的事出现。

我认为，唐太宗之所以这样做，就是为了得到这种好名声。可是怎么知道他在放回囚犯时，没有料到他们一定会回来并且希望得到赦免，所以才放回他们呢？又怎么知道那些被放回的囚犯，没有料到自动回来就一定会被赦免死罪，所以才又回来呢？料想到囚犯一定会回来这才放他们回家，这是唐太宗作为居上位者揣测下面囚犯的心思；

料想到一定会被赦免死罪这才回来，这是下面的囚犯在揣测上面皇帝的心思。我从中看到的是上下互相揣测对方的心思才形成了这种名声，哪里还有皇帝施行恩德感化和囚犯遵守信义的事呢？不然的话，唐太宗在全国施行恩德感化，到这时已经六年了，却不能让小人不犯极恶大罪，只凭一天的恩德感化，就能使囚犯视死如归、坚守信义。这个观点是说不通的啊。

那么应该怎么做才好呢？我认为，对放回家去而又回来的囚犯，杀了他们而不赦免；然后再放出一批囚犯，他们又回来了，这样才能知道是被恩德感化所致。然而这必定是不可能的事。至于释放死刑犯而在他们回来后就赦免死罪，这样的事可以偶尔为之。如果屡次这样做，那么杀人犯都不会被处死。这能作为国家的常法吗？不能作为国家的常法，这难道能说是圣人之法吗？所以说，尧、舜、夏商周三王治理国家，必定以合乎人情为标准，不以标新立异为高明，不能违背情理来博取名誉。

【今评】

“录囚”并不是唐太宗首创。此制始于汉代。《汉书·何武传》记载，西汉大臣何武“行部录囚徒”。《后汉书·寒朗传》

载，东汉明帝也曾“车驾自幸洛阳狱录囚徒，理出千余人”。之后魏、晋、隋、唐、宋等各朝都有录囚之制。复核审录在押囚犯，有助于平反冤案，进而有助于司法制度的完善。

欧阳修作《纵囚论》，意在委婉劝谏当代帝王，要反思大赦的弊端。他清楚地知道，纵囚如果发生在宋代，这些囚犯非但不可能如期归狱，反而会给社会带来不可估量的危害，并且殃及无辜民众。同时，欧阳修点破了唐太宗此举的真正用心，是沽名钓誉。继欧阳修之后有很多人认为，“纵囚”是唐太宗李世民的一场政治作秀。元代张养浩认为此举是“弄天子之法，以掠美市恩于下者”。明末清初的王夫之认为，唐太宗当政时期，法令严密，执行有力，从客观条件来看，这些死囚被放出来，根本没有逃跑的可能。进而强调“古所必有者，必有妄也；人所争夸者，必有诈也”。清代张伯行评论欧阳修的《纵囚论》：“只‘求名’二字，勘破太宗之心，便将一段佳话尽情抹倒。行文老辣，不肯放松一字，真酷吏断狱手。”

管仲论

〔宋〕苏洵

【作者简介】

苏洵（1009—1066年），字明允，自号老泉，四川眉山人。苏洵二十七岁始发愤读书，宋仁宗嘉祐间，带二子苏轼、苏辙进京应试，受欧阳修赏识举荐，文声大振。曾任秘书省校书郎等职。与其子苏轼、苏辙并称“三苏”，一同跻身于“唐宋八大家”。苏洵在“唐宋八大家”中是唯一一位没有科举功名、成名最晚、官位最低的文人，但正因为他没有功名的追求，可以“得乎吾心”而书写“胸中之言”，因而自然成文，其文风质朴雄浑；他志向远大，关心时事政治，积极为统治者建言献策，其文往往有深邃的见解。

【文中人物介绍】

管子，名夷吾，字仲，谥曰敬，故世称管敬仲。齐桓公尊之为仲父，后世尊称为管子。管仲早年穷困潦倒，由鲍叔牙荐举成为齐国相，理政期间锐意革新，辅佐齐桓公“九合诸侯，一匡天下”，使其一跃成为春秋五霸之一。他是春秋时期著名政治家、思想家。孔子认为管仲是政治上的卓越人才，也批评管仲“器小”“不节俭”“不知礼”。管仲曾经效力于齐桓公的政敌公子纠，而当公子纠败亡时，管仲非但没有从主死节，反而转身成为齐桓公的宰相。可是，当子路问孔子：这样的人有仁德吗？孔子肯定地回答：管仲辅佐齐桓公多次召集诸侯国盟会，不使用武力。“如其仁，如其仁。”这是仁德的力量。管仲有着高超的政治能力和卓越的政治功绩，“博施于民而能济众”，而这正是孔子倡导的“仁”。

【题解】

宋仁宗时期，社会稳定，经济繁荣，文学艺术蓬勃发展，文人受到重视。宰相须用读书人，主管军事的枢密使等职也多由文人担任，贤良之臣在位，杰出文士受到恩宠，这大大激发了宋代文人的社会责任感和参政热情。“开口揽时事，议论争煌煌”，文人们乐于以国之栋梁自居，意气风发地发表政见。好发议论，论政、论兵、论史、论道等，不拘一格，放言无惮，成了这个时期文章的重要特征。苏洵看到，北宋王朝由于中央集权及有关政策而引起的积贫积弱的局面已经逐渐显现，阶级矛盾和民族矛盾日益加深。国家需要有用的人才，要将权柄授予人才，这样才能改变衰颓的局面，针对当时的政治现实，他写了这篇人物评论。

对于管仲的评价，历代都比较认可司马迁《史记·管晏列传》中的观点：尽管管仲贪生怕死，不能为主子守节，还贪图小利，但是管仲有非凡的政治才能，他的政治影响，直到他死后还在发挥着作用。而苏洵这篇文章却颠覆了这种普遍的认识。他认为齐国的繁荣昌盛，功在鲍叔牙，齐国后来的祸乱和衰亡，罪在管仲。而管仲最大的罪责是没有在自己退出政治舞台之前安排好继任者。由此，苏洵突出强调了中心论点，即对于一国的兴衰，任用贤才极其重要。

【原文】

管仲相桓公①，霸诸侯，攘夷狄，终其身齐国富

强，诸侯不敢叛。管仲死，竖刁、易牙、开方[②]用，桓公薨于乱，五公子[③]争立，其祸蔓延，讫简公[④]，齐无宁岁。

夫功之成，非成于成之日，盖必有所由起；祸之作，不作于作之日，亦必有所由兆。故齐之治也，吾不曰管仲，而曰鲍叔[⑤]；及其乱也，吾不曰竖刁、易牙、开方，而曰管仲。何则？竖刁、易牙、开方三子，彼固乱人国者，顾其用之者，桓公也。夫有舜而后知放四凶[⑥]，有仲尼而后知去少正卯[⑦]。彼桓公何人也？顾其使桓公得用三子者，管仲也。仲之疾也，公问之相。当是时也，吾意以仲且举天下之贤者以对，而其言乃不过曰“竖刁、易牙、开方三子，非人情[⑧]，不可近”而已。

呜呼！仲以为桓公果能不用三子矣乎？仲与桓公处几年矣，亦知桓公之为人矣乎？桓公声不绝于耳，色不绝于目，而非三子者则无以遂其欲。彼其初之所以不用者，徒以有仲焉耳。一日无仲，则三子者可以弹冠而相庆[⑨]矣。仲以为将死之言，可以絷桓公之手足耶？夫齐国不患有三子，而患无仲。有仲，则三子者，三匹夫耳。不然，天下岂少三子之徒？虽桓公幸而听仲，诛此三人，而其余者，仲能悉数而去之耶？呜呼！仲可谓不知本者矣！因桓公之问，举天下之贤者以自代，则仲虽死，而齐国未为无仲也。夫何患三子者？不言可也。

五伯[⑩]莫盛于桓、文[⑪]。文公之才，不过桓公，其臣又皆不及仲；灵公[⑫]之虐，不如孝公[⑬]之宽厚。文公死，诸侯不敢叛晋，晋袭文公之余威，得为诸侯之盟主者百有余年。何者？其君虽不肖，而尚有老成人焉。桓公之薨也，一乱涂地，无惑也，彼独恃一管仲，而仲则死矣。

夫天下未尝无贤者，盖有有臣而无君者矣。桓公在焉，而曰天下不复有管仲者，吾不信也。仲之书[⑭]，有记其将死论鲍叔、宾胥无[⑮]之为人，且各疏其短，是其心以为数子者皆不足以托国，而又逆知其将死，则其书诞谩不足信也。吾观史鳍[⑯]，以不能进蘧伯玉[⑰]，而退弥子瑕[⑱]，故有身后之谏；萧何且死，举曹参以自代[⑲]。大臣之用心，固宜如此也。夫国以一人兴，以一人亡，贤者不悲其身之死，而忧其国之衰，故必复有贤者，而后可以死。彼管仲者，何以死哉？

【注释】

① 管仲担任齐桓公的相国，辅佐齐桓公成为春秋五霸之首。桓公即齐桓公，姜姓，吕氏，名小白，姜姓齐国国君。桓，宋时为避宋钦宗赵桓讳而作威。

② 竖刁、易牙、开方：三人都是齐桓公时期备受宠幸的近臣。竖刁为宦官，易牙为厨师，开方为卫国公子。齐桓公死后，三人专权。

③ 五公子：指齐桓公的五个儿子，即公子无亏（武孟）、公子昭（齐孝公）、公子潘（齐昭公）、公子商人（齐懿公）、公子元（齐惠公）。

④ 简公：即齐简公，名壬，齐悼公之子。齐国大臣鲍子弑齐悼公，群臣共立公子壬为国君。齐简公继位后，任用田成子田恒和阚止为左、右相。阚止得宠于齐简公，田成子嫉妒。最后，齐简公被田成子杀死。

⑤ 鲍叔：姓鲍，名叔牙，史称鲍叔，春秋时期齐国大夫，善于知人，管仲因鲍叔牙推荐而受到重用。

⑥ 四凶：旧传共工、驩兜、三苗、鲧为尧时的四凶。

⑦ 有仲尼而后知去少正卯：仲尼为孔子之字，少正卯为鲁国大夫。据《史记·孔子世家》载，孔子当大司寇后诛杀乱政者少正卯。但历史上此事尚有争议，少正卯可能无其人而孔子杀少正卯也无其事。

⑧ 非人情：管仲认为他们不合人情。相传，竖刁为进齐宫而

自阉，易牙杀子献糜而迎合君主，开方原本是卫国的公子，后来抛弃父母而来到齐国臣事齐桓公。

⑨ 弹冠而相庆：出自《汉书·王吉传》。王吉和贡禹是好朋友，取舍相同，世称“王吉在位，贡禹弹冠”。后指一人当官或升官，他的同伙互相庆贺将有官可做。

⑩ 五伯：春秋时期先后称霸的五个诸侯，分别为齐桓公、晋文公、宋襄公、秦穆公、楚庄王。

⑪ 桓、文：齐桓公、晋文公。晋文公名重耳，文治武功卓越，五霸中位居第二。

⑫ 灵公：指晋灵公，晋文公之孙，暴虐无道，后被杀。

⑬ 孝公：指齐孝公，齐桓公之子。齐桓公死后，齐孝公在宋国的支持下夺得王位。

⑭ 仲之书：指《管子》，后人根据管仲的思想言论编纂而成。

⑮ 宾胥无：齐桓公时大夫。

⑯ 史鳝：字子鱼，春秋时期卫国大夫。卫灵公不用贤臣蘧伯玉而任弥子瑕，史鳝数谏不听。临死时嘱咐儿子在自己死后将尸身放在窗下，表示死后仍要进谏。卫灵公终于醒悟，起用蘧伯玉而不用弥子瑕。

⑰ 蘧伯玉：即蘧瑗，春秋时卫国大夫，卫灵公时贤臣，天下闻名。

⑱ 弥子瑕：春秋时卫国大夫，善于奉承，曾深得卫灵公宠爱。

⑲ 据《史记·萧相国世家》载，萧何死前曾推举曹参继之为相。

【译文】

管仲为相辅佐齐桓公，称霸诸侯，抵御夷狄。管仲一辈子为齐国效力，齐国国富民强，诸侯不敢再叛乱。管仲死后，竖刁、易牙、开方相继得到重用。齐桓公最后在宫廷内乱中死去，五位公子开始争抢君位，祸乱蔓延开来，一直到齐简公时期，齐国没有安宁的时候。

功业的建立，并不是在成功那一天完成的，一定有它的缘由；祸乱的出现，并不是在祸乱发作那一天形成的，也一定会有它的预兆。因此，齐国之所以安定强盛，我认为不是由于管仲，而是由于鲍叔牙；齐国之所以发生祸乱，我认为不是由于竖刁、易牙、开方，而是由于管仲。为什么这样说呢？固然，导致国家动乱的是竖刁、易牙、开方这三个人，可是重用他们的人，是齐桓公。有了舜这个圣人，才知道应该流放四凶；有了仲尼这个圣人，才知道应该杀掉少正卯。那么，与圣人相比，齐桓公是什么人呢？回头再看，让齐桓公重用这三个人的，正是管仲啊。管仲病危时，齐桓公询问他谁是可以为相的人选。这种时候，我认为管仲的回答应当是推荐天下最贤能的人，可是他说的，不过是“竖刁、易牙、开方这三个人不合人情、不能亲近”这些话而已。

唉！管仲以为齐桓公果真能够不重用这三个人吗？管仲和齐桓公相处多年了，也该知道他的为人了吧？齐桓公这人，耳朵离不了音乐，眼睛离不了美色，如果不重用这三个人，就无法满足他的欲望。他开始不重用他们，只是因为有管仲在。一旦管仲不在了，这三个人就可以弹冠相庆了。管仲难道以为自己的临终遗言就能够束缚住齐桓公的手脚了吗？齐国不担心有这三个人，而是担心没有管仲；有管仲在，那么这三个人只不过是普通人罢了。如果不是这样，天下难道缺少跟这三个人一样类型的人吗？即使齐桓公幸而听了管仲的话，诛杀了这三个人，但其余的奸佞之人，管仲能全部除掉他们吗？唉！管仲可以说是不懂得从根本上治理的人啊！如果他趁着齐桓公询问自己的时候，推荐天下的贤人来代替自己，那么即使管仲死了，齐国也并不是没有管仲那样的人才。这三个人又有什么可让人担心的呢？这话不说世人也都明白。

春秋五霸中没有比齐桓公、晋文公再强的了。晋文公的才能比不上齐桓公，他的臣子也都不如管仲；而晋文公之孙晋灵公为政暴虐，不如齐孝公待人宽容仁厚。可是晋文公死后，诸侯不敢背叛晋国；晋国承袭晋文公的余威，在后世还称霸了一百多年。这是为什么呢？晋国继任的君主虽不贤明，但是还有老成持重的大臣主持大局。齐桓公死后，齐国一败涂地，这没有什么值得困惑的，因为他仅仅依靠一个管仲，而管仲却死了。

天下并非没有贤能的人，实际上是有贤臣而没有明君。齐桓公在世时，就说天下再没有管仲这样的人才了，我不相信。世传管仲所著《管子》一书中，记载管仲临终时，谈论到了鲍叔牙、宾胥无的为人，并且还列出他们各自的短处。这样在管仲的心中认为这些人都不能托以国家重任，但他又预料到自己将死，可见这部书实在是荒诞，不足为信。我看卫国大夫史鳝，因为不能使卫灵公任用贤臣蘧伯玉和斥退宠臣弥子瑕，为此在死后进行尸谏；汉代丞相萧何临终前，推荐曹参接替自己。大臣的用心，本来就应该如此啊。国家因为一个贤者而兴盛，也因为一个贤者而衰亡。贤能的人不为自己的死而感到悲痛，却忧虑国家的衰败。因此一定要找到贤明的人来接替他，然后才可以安心死去。那么，没有做到这一点的管仲，怎么可以撒手人寰了呢？

【今评】

本文一开头，苏洵充分肯定了管仲相齐的功绩，然而紧接着就发表了与众不同的看法："故齐之治也，吾不曰管仲，而曰鲍叔；及其乱也，吾不曰竖刁、易牙、开方，而曰管仲。"真有点石破天惊的味道，从中可以体会到，关于贤相良臣对国家治理产生巨大影响这个问题，苏洵的内心有多焦灼。据史料记载，管仲病情危急时，齐桓公问何人可以任相，管仲首先认为鲍叔牙不宜，他认为鲍叔牙性格过于刚直强悍，既不利于协调百姓，不能得民心，又不可能顺从君主，不适合辅佐霸主。再加上，鲍叔牙是非太分明，为人清正廉洁，对官位利禄不感兴趣，这一点也不适合作为君主的助手。管仲向齐桓公推荐了隰朋，管仲认为，隰朋能使国家长治久安。隰朋是大仁大德之人，能根据变化的形势与百姓共荣辱；眼光远大而能虚心下问，在家不忘公务，在公门不忘家事；侍君无二心，也不忘自身。对于国政该不管的不管，对于家事不必知的不知，举重而若轻，这只有隰朋能够做到。可见，管仲不是没有推荐继任者，不幸的是这个继任者在管仲之后十个月也去世了，隰朋之后齐桓公起用鲍叔牙为相，就像管仲预言的那样，鲍叔牙不能容忍竖刁、易牙、开方这三个佞臣为所欲为，又不能有力辖制，以至于自己郁郁而终。苏洵论述管仲有失偏颇，但为国为民慷慨陈词，苦心可鉴。结尾的发问，看似无理，实则把对管仲的责备推升到更深的层面，收得有力，又留给读者思考的空间。

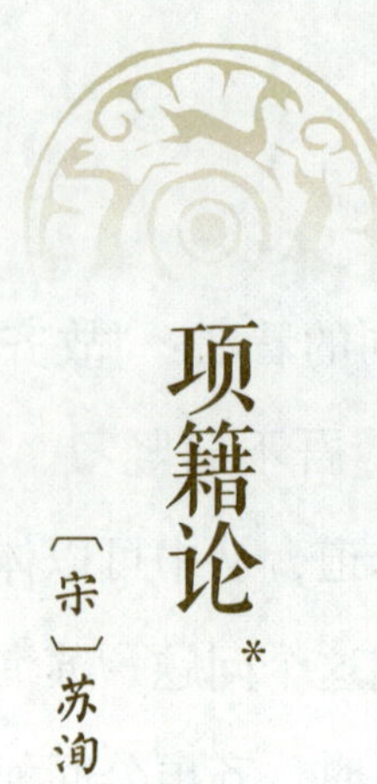

项籍论*

〔宋〕苏洵

【作者简介】

见前。

【文中人物介绍】

项籍（前 232—前 202 年），字羽，秦末政治家、军事家。楚国贵族出身。秦末大乱，群雄并起。项羽趁乱起兵，

* 本文出自苏洵《权书》，原题为《项籍》，现题为编者所加。

只用三年时间，就率领齐、赵、韩、魏、燕五国诸侯灭掉了秦朝，划分天下土地，另封王侯，自号“西楚霸王”，定都于彭城。然而项籍缺乏深谋远虑，他建都彭城，舍弃关中之地，思念楚国，放逐义帝，自立为王，而又埋怨诸侯背叛自己，不是能成大事的帝王之材。他自夸战功，竭力施展个人的聪明，却不肯师法古人，认为霸王的功业要靠武力征伐诸侯治理天下，结果五年之间国家灭亡，身死东城，仍不觉悟，也不自责。项籍刚愎自用，弑杀楚义帝，猜疑亚父范增，随即一败涂地，楚汉战争中兵败于垓下，自刎于乌江。可是临终之际他还是没有认识到失败的真正原因，一再用“上天要灭亡我，不是我用兵的过错”这句话来自我解脱，荒谬之至。

【题解】

《权书》是苏洵系统讨论战略战术的专著。权，权衡的意思。该书将历代著名战役进行比较，分析战略得失，分上下两卷，上卷有《心术》《法制》《强弱》《攻守》《用间》五篇，前两篇主要论述军队管理和指挥，后三篇大致为谋略攻守之道。下卷有《孙武》《子贡》《六国》《项籍》《高祖》五篇，着重论述这几位历史人物在战略谋划、作战指挥方面的胜败得失。宋王朝对西夏用兵，久而无功，苏洵忧国忧民，感觉到当时军事形势的严峻，因而“不得已而言之”，著文专题讨论军事及谋略，试图挽救国家危亡。

本文着重评述项籍的成败得失。作者论述了项籍兵败身死的过程，着重细致分析了项籍在战略上的失误，即先救赵而未入秦，并由此延伸拓展开去，讨论了宋义、诸葛亮的攻防失策。

【原文】

吾尝论项籍有取天下之才，而无取天下之虑；曹操[①]有取天下之虑，而无取天下之量；刘备[②]有取天下之量，而无取天下之才。故三人者，终其身无成焉。且夫不有所弃，不可以得天下之势；不有所忍，不可以尽天下之利。是故地有所不取，城有所不攻，胜有所不就，败有所不避。其来不喜，其去不怒，肆天下之所为，而徐制其后，乃克有济。

呜呼！项籍有百战百胜之才，而死于垓下[③]，无惑也。吾观其战于钜鹿[④]也，见其虑之不长、量之不大，未尝不怪其死于垓下之晚也。方籍之渡河，沛公[⑤]始整兵向关，籍于此时若急引军趋秦，及其锋而用之，可以据咸阳，制天下。不知出此，而区区与秦将争一旦之命，既全钜鹿，而犹徘徊河南、新安间，至函谷，则沛公入咸阳数月矣。夫秦人既已安沛公而仇籍，则其势不得强而臣。故籍虽迁沛公汉中，而卒都彭城，使沛公得还定三秦，则天下之势在汉不在楚。楚虽百战百胜，尚何益哉！故曰：兆垓下之死者，钜鹿之战也。

或曰："虽然，籍必能入秦乎？"曰："项梁⑥死，章邯⑦谓楚不足虑，故移兵伐赵，有轻楚心，而良将劲兵尽于钜鹿。籍诚能以必死之士，击其轻敌寡弱之师，入之易耳。且亡秦之守关，与沛公之守，善否可知也。沛公之攻关，与籍之攻，善否又可知也。以秦之守而沛公攻入之，沛公之守而籍攻入之，然则亡秦之守，籍不能入哉？"

或曰："秦可入矣，如救赵何？"曰："虎方捕鹿，罴据其穴，搏其子，虎安得不置鹿而返？返则碎于罴明矣。军志所谓攻其必救也。使籍入关，王离、涉间⑧必释赵自救。籍据关逆击其前，赵与诸侯救者十余壁蹑其后，覆之必矣。是籍一举解赵之围，而收功于秦也。战国时，魏伐赵，齐救之。田忌⑨引兵疾走大梁，因存赵而破魏。彼宋义[10]号知兵，殊不达此，屯安阳不进，而曰待秦敝。吾恐秦未敝，而沛公先据关矣。籍与义俱失焉。”

是故古之取天下者，常先图所守。诸葛孔明[11]弃荆州而就西蜀，吾知其无能为也。且彼未尝见大险也，彼以为剑门者可以不亡也。吾尝观蜀之险，其守不可出，其出不可继，兢兢而自完，犹且不给，而何足以制中原哉？若夫秦、汉之故都，沃土千里，洪河大山，真可以控天下，又乌事夫不可以措足如剑门者而后曰险哉！

今夫富人必居四通五达之都，使其财布出于天下，然后可以收天下之利。有小丈夫者，得一金，椟而藏诸家，拒户而守之。呜呼！是求不失也，非求富也。大盗至，劫而取之，又焉知其果不失也？

【注释】

① 曹操：曹操（155—220年），字孟德，小名阿瞒，沛国谯县（今安徽亳州）人。东汉末年权相。曹丕称帝后追尊为武帝，世称魏武帝。

② 刘备：刘备（161—223年），字玄德，涿县（今河北涿州）人。蜀汉开国皇帝。刘备先后参与镇压黄巾起义、讨伐董卓等活动。

在诸侯混战中先后依附公孙瓒、陶谦、曹操、袁绍、刘表等人，始终坚持以德服人，广受名士尊敬。联合孙权，大败曹操于赤壁，赤壁之战后，先后攻下荆州、益州，建立蜀汉政权。

③ 垓下：今安徽灵璧县东南。

④ 钜鹿：秦代县名。项羽破秦军处，在今河北平乡县。今称巨鹿。

⑤ 沛公：即刘邦（前256—前195年），字季，沛郡丰邑（今江苏丰县）人。秦朝建立后，刘邦出仕，任沛县泗水亭长，后释放刑徒，亡匿于芒砀山中。陈胜起义后，集合三千子弟响应，攻占沛县，自称沛公。击杀项羽，赢得楚汉之争，统一天下，建立西汉。

⑥ 项梁：秦末楚地反秦起义军首领。《史记》记载项氏“世世为楚将”，项梁是楚国名将项燕之子，西楚霸王项羽的叔父。

⑦ 章邯：秦末至楚汉争霸时期著名将领，骁勇善战，官阶不高但权力很大，直接接受秦始皇的指令。

⑧ 王离、涉间：王离，字文明，秦朝后期名将。曾参加秦灭六国之战，与章邯一起统率秦军与农民起义军作战。在巨鹿之战中被项羽和诸侯联军击破。涉间，秦末将军，长期跟随王离。巨鹿之战中，王离大军被围，突围未成，涉间知不能逃出，带领将士数十人，将大寨尽皆焚烧，葬身火海。

⑨ 田忌：战国时期齐国名将，赏识孙膑的才能，收为门客，之后听从孙膑谋略，屡屡获胜。

⑩ 宋义：楚国大将军。章邯攻赵时，宋义奉楚怀王命令，统兵解救，屯兵观望不进，被项羽斩杀。

⑪ 诸葛孔明：诸葛亮（181—234年），字孔明，号卧龙，三国

时期蜀汉丞相。刘备三顾茅庐请其出山，后辅佐刘备建立西蜀政权。

【译文】

我曾经这样评论：项籍有夺取天下的才能，而没有夺取天下的谋略；曹操有夺取天下的谋略，而没有夺取天下的度量；刘备有夺取天下的度量，而没有夺取天下的才能。所以这三个人终其一生都未能成功。如果不能舍弃一些东西，就不能取得天下的有利形势；不能有所忍耐，就不能完全得到天下的利益。因此，有些地盘可以不去夺取，有些城池可以不去攻占，有些胜利可以不去获取，有些失败可以不去避免。得到了好处不要得意忘形，失利了也不要恼羞成怒，任凭那些争夺天下的人把力气用完了，自己再从容地后发制人，这样才能获得成功。

唉！项籍有百战百胜的才能，而最后却兵败垓下而死，对此倒也不必奇怪。我观察分析巨鹿之战，就看出他谋略缺乏远见，度量不够宽大，曾经对他到被围垓下才死而感到很奇怪。当项籍渡过黄河北上时，刘邦才开始整顿兵马向函谷关进发，这时项籍如果率领军队攻打秦国，趁着部队最有战斗力的时候用兵作战，就可以攻占咸阳，控制天下局势。但他不知道运用这种策略，却愚蠢地去同秦国的将领较量一时的胜负，不放过他们早晚必亡的生命，既然已经在巨鹿大获全胜，却又在黄河以南、新安县一带往返打仗，等他到了函谷关，刘邦已经进入咸阳几个月了。秦地人民既然已经安心接受沛公的统治，而对项籍产生了仇视心理，那么势必不能再强迫他们臣服项籍了。所以项籍虽然把刘邦改封到汉中，而自己最后建都在彭城，却使刘邦仍然能够再次平定三秦。这样，天下的形势就要归汉，不会再归楚。楚虽然能百战百胜，还有什么用处呢？所以说，项籍在垓下战败身亡的预兆，是在巨鹿之战就已出现了。

有人问："即使按照你讲的这种策略去做，又怎么可以断定项籍一定能攻入咸阳呢？"我回答说："项梁死后，章邯说楚军不足以忧虑，所以就转移兵力去攻打赵国，颇有轻视楚军之心，料想不到精兵良将都会在巨鹿之战中被消灭干净。这时项籍如果能率领拼死作战的士兵，袭击秦国留守的那些既有轻敌心理而又人少力弱的军队，攻入咸阳是十分容易的事。况且，即将灭亡的秦国军队所把守的关防，和沛公刘邦的军队所把守的关防，二者相比，其优劣是不言而喻的。沛公军队攻打函谷关，和项籍的军队攻打函谷关，二者相比，其优劣也是不言而喻的。秦军所把守的关防，沛公可以攻进去；沛公所把守的关防，项籍可以攻进去，那么，即将灭亡的秦国军队所把守的关防，项籍难道就不能攻破吗？”

有人问：“这样说来，项籍当然可以攻入秦的国都。可是，救赵国的事情怎么办呢？”我回答说：“老虎正在追捕野鹿，熊罴却乘机占据虎穴，殴打虎子，老虎怎么可能不舍弃野鹿而返回自己的洞穴呢？返回去就会被熊罴撕碎，这点也是很明白的。兵书说‘攻其必救’，要攻击敌人必定援救的地方，讲的就是这个道理。假如项籍攻破函谷关，王离、涉间一定会撤除对赵国的包围，赶回秦国去救援。这时项籍凭据函谷关对秦军迎头痛击，赵国与十几支诸侯的援军在秦军后面追击，就一定可以消灭他们。这样项籍便可一举解除秦军对赵国的包围，而且还能取得灭秦之功。战国时，魏国攻打赵国，齐国派兵援救，田忌带领军队迅速奔向魏都大梁，因而救了赵国，打败了魏国。那个宋义号称懂得兵法，却完全没有考虑到这一点，他率军救赵，走到安阳便停下来不再前进，说是要拖到秦军作战疲惫再乘虚攻击。恐怕秦军还没有疲敝，沛公就已先攻占秦国的函谷关了。项籍和宋义的计策都是错误的。”

因此，古代那些夺取天下的人，常常首先考虑所占据的地方是否可以长久固守。诸葛孔明放弃荆州而到西蜀去，从这个行动看，我就知道他不可能统一天下了。诸葛亮不曾见过多少大的险要关隘，他认为剑门山的险要就可以保护蜀汉不至于灭亡了。我曾经去考察过蜀中的险要形势，在那里防守，不能再出击；在那里出兵，就没有后继的援兵。像这种险要之地，战战兢兢地防守，只求保全自身，尚且不够，怎么能够靠它来夺取中原的广大地区呢？再看秦朝、汉朝旧都所在的地方，有广阔的肥沃土地，又有大河高山作为屏障，才真是能够控制天下的好地方，为什么要去经营剑门山那样不能自由行动的地方，然后还得意地说“这里真是险要”呢？

现在那些富有的人家，都一定要居住在四通八达的都市，这样他们的钱财可以流通天下，然后就能获取全天下的利益。也有那种气度狭小的人，得到一块金子，就用木匣装好密藏在家里，整天守着门户而防备盗贼。唉！这样做只是希求不丢失财物，并不是希求发财致富啊！但是，一旦大盗来了，就会抢劫一空，他又怎么保证自己财物不会丢失呢？

【今评】

苏洵在《权书》序言中说，不是说书生就不能谈论军事，也不是说讲仁义的军队打仗就不必研究战术。如果仁义之师不讲战术就能打胜仗，周武王为什么要用姜太公带兵？周朝灭商的战役，为什么用得上武王亲自带着部队，开战前还一而再、再而三动员、鼓气？战争是不得已而为之的事，著兵书也是不得已而为之的事。

苏洵作为一介儒生，有远大的理想抱负，有高度的社会责任感，并且认真研究历史，为统治者建言献策，这是非常可贵的。但是很明显，本文苏洵所论，未能跳出以成败论人的格局，有着时代的局限和思想的局限。

项籍的英雄气概历来被盛赞，同时，他的自尊、知耻，也受到历代文人的激赏。宋代词人李清照也咏赞：“生当作人杰，死亦为鬼雄。至今思项羽，不肯过江东。”项籍失败的根本原因不是谋略。毛泽东同志曾在多次讲话中提到这位西楚霸王，他盛赞项籍破釜沉舟的胆略，敬佩项籍的骁勇善战、宁死不屈，也批评项籍沽名钓誉、狂妄自大。他曾在扩大的中央工作会议上指出：“我们现在有些第一书记，连封建时代的刘邦都不如，倒有点像项羽。这些同志如果不改，最后要垮台的。不是有一出戏叫《霸王别姬》吗？这些同志如果总是不改，难免有一天要‘别姬’就是了。”这些话揭示了项籍败亡的真正原因，即人心向背，这是苏洵到达不了的高度。

读孟尝君传

〔宋〕王安石

【作者简介】

王安石（1021—1086年），字介甫，号半山。抚州临川（今江西抚州）人。世称王荆公，北宋政治家、文学家、思想家。历任扬州签判、鄞县知县、舒州通判等职，政绩显著。熙宁二年（1069年），被宋神宗升为参知政事，次年拜相，主持变法。因守旧派反对，熙宁七年（1074年）罢相。一年后，被神宗再次起用，不久又罢相，退居江宁。元祐元年（1086年），保守派得势，新法皆废，王安石病逝。在经学上，王安石潜心经学，著书立说，创“荆公新学”。在哲学上，王安石用“五行说”阐述宇宙生成，丰富和发展了中国古代朴素唯物主义思想；提出“新故相除”的哲学命题，把中国古代辩证法推到一个新的高度。在文学上，王安石名列“唐宋八大家”，他的散文简洁峻切，短小精悍，论点鲜明，逻辑严密，有很强的说服力，充分发挥了古文的实际功用；他的诗世称“王荆公体”，“学杜得其瘦硬”，擅长说理与修辞，善用典故，警辟精绝，晚年诗风含蓄深沉，以丰神远韵的风格在北宋诗坛自成一家；他的词题材广泛，写物、咏怀、吊古，意境空阔苍茫，形象淡远纯朴。有《临川集》等著作存世。

【文中人物介绍】

孟尝君，即田文，战国时齐国人，齐国靖郭君田婴之子。田婴去世后，田文继承爵位，封地在薛邑。历史上以广招宾客、善养客得士闻名。田文招揽各诸侯国的宾客以及犯罪逃亡的人，共有食客几千人，待遇不分贵贱。田文舍弃家业，一律给予这些人丰厚待遇，天下贤士无不倾心向往。这些食客献计效力，在关键时刻，为田文纾难解困，助其成就大业。

【题解】

孟尝君曾为齐相，《史记》有《孟尝君列传》。王安石此文即为读史传有感而发所作史论。千百年来，世人皆说“孟尝君能得士”，把孟尝君有三千食客看成是他礼贤下士的远见之举，而王安石此文是做翻案文章的。

本文题为读后感，实际上作者在借题发挥，意在阐明自己对人才的看法。王安石曾在嘉祐三年（1058年）作《上仁宗皇帝言事书》，系统阐述自己拟定的人才政策和实施方案，建议朝廷重视人才，改革取士之法。熙宁四年（1071年），朝廷采纳王安石的建议，颁布有关科举制度改革的法令，废除以诗赋词章取士，恢复以《春秋三传》明经取士。王安石认为，真正的士，能有效、有序开动国家机器，能胜任国家赋予的职责；而不应该是那些皓首穷经、悬梁刺股的应试能手。

【原文】

世皆称孟尝君能得士，士以故归之，而卒赖其力以脱

于虎豹之秦。

嗟乎！孟尝君特鸡鸣狗盗[①]之雄耳，岂足以言得士？不然，擅齐之强，得一士焉，宜可以南面[②]而制秦，尚何取鸡鸣狗盗之力哉？夫鸡鸣狗盗之出其门，此士之所以不至也。

【注释】

① 鸡鸣狗盗：事见《史记·孟尝君列传》。孟尝君曾在秦国为秦昭王所囚。他的一个门客就在夜里装成狗潜入秦宫，偷出狐白裘，用来贿赂昭王宠妃，孟尝君得以释放。当他逃至函谷关时，正值半夜，城门紧闭，按规定要鸡鸣以后才能开城门，而追兵将到。他的另一个门客学鸡叫，终于骗开城门，逃回齐国。

② 南面：古代以面向南坐为尊。古代帝王南面称帝。

【译文】

世人都称赞孟尝君善于延揽人才，因此贤士都投靠到他的门下，而他终于借助他们的力量，从虎豹一样凶恶的秦国逃脱。

唉！孟尝君只不过是那些鸡鸣狗盗之徒的头目罢了，

哪里称得上善于延揽人才呢？如果不是这样，他完全可以凭借齐国的强大力量，得到一个真正的人才，就可以南面称王而制服秦国，还用得着这些鸡鸣狗盗之辈吗？鸡鸣狗盗之辈出入他的门下，这正是真正的人才之所以不到他那里去的原因呀。

【今评】

《读孟尝君传》是一篇读史札记，不足百字，影响却很大。王安石反驳了世人一贯主张的“孟尝君能得士”的观点，认为孟尝君不过是纠集了一帮鸡鸣狗盗之徒而已，三千门客中，其实并没有真正的贤士，有雄才大略、能经世济时的贤士根本不屑到孟尝君这里来，不愿与鸡鸣狗盗之徒为伍。王安石此论的确与众不同。但是，作者完全否定孟尝君，过分强调了“士”的作用，则有失偏颇。南面制秦，当然不是“得一士”就能建奇功、得天下。

此文堪为短文典范。文虽极短而气极长，体例完整而严谨，有破有立，层层推进，文字简练而波澜起伏。清代沈德潜赞曰“语语转，笔笔紧，千秋绝调”；桐城派文人吴闿生也将此文赞为“古文短篇之极则”。

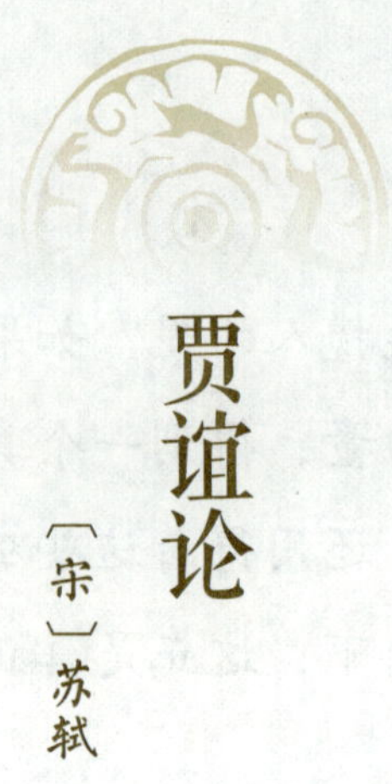

贾谊论

〔宋〕苏轼

【作者简介】

苏轼（1037—1101 年），字子瞻，又字和仲，号铁冠道人、东坡居士。眉州眉山（今四川眉山）人。北宋文学家，唐宋八大家之一。文采过人，是北宋中期文坛领袖，在诗、词、文、书、画等方面均取得很高成就。诗题材广泛，清新豪健；词开豪放派，与辛弃疾并称苏辛；文风纵横豪放，与欧阳修并称欧苏；善书法，长于文人画。二十一岁时参加科举，应试策论《刑赏忠厚之至论》获得主考官欧阳修赏识。二十六岁时，苏轼应中制科考试，即通常所谓的“三年京察”，入第三等，为“百年第一”，授大理评事、签书凤翔府判官。宋神宗时在杭州、密州、徐州、湖州等地任职。四十三岁时，苏轼经历了政治上的灭顶之灾“乌台诗案”。之后，由于苏轼的“不合时宜”，在新党和旧党之间都遭到排挤，仕途多舛，屡次被贬，最远时被贬到海南儋州。

【文中人物介绍】

贾生，即贾谊（前200—前168年），洛阳（今属河南）人，西汉初年政论家、文学家。贾谊少有才名，因能诵诗书、有文才闻名家乡。汉文帝召为博士，破格提拔为太中大夫。汉文帝三年（前177年），济北王刘兴居率先发动叛乱，开启同姓王国武装反抗汉廷之先例。汉文帝派兵镇压，叛军土崩瓦解，刘兴居被俘自杀。三年后，淮南王刘长又举起了叛旗。两起叛乱虽被平息，但汉初诸侯王势力的恶性发展，实际上已成为对抗中央朝廷的分裂势力。时年二十八岁的贾谊上《陈政事疏》(即《治安策》)，建议从根本上解决问题。他提出，第一，亲疏不是主要问题，即同姓诸侯王不比异姓王可靠；第二，无论是强者反叛还是弱者反叛，都是直接威胁中央集权政权的；第三，解决的办法就是“众建诸侯王而少其力”，即分割诸侯王国的势力，巩固中央集权。汉文帝十分欣赏贾谊的《治安策》，然而，汉文帝当时的施政重心是稳定政局，恢复和发展社会经济，未能实施《治安策》的政治构想。贾谊后来遭受排挤和诋毁，汉文帝逐渐疏远他，改任其为长沙王太傅，故后世亦称贾长沙、贾太傅。三年后被召回长安，为梁怀王太傅。梁怀王坠马而死，贾谊深自歉疚，抑郁而亡，年仅三十三岁。直到汉文帝十六年（前 164 年），齐文王刘则死，无子嗣位，汉文帝趁机将最大的齐国一分为六；又封淮南王刘长的三子刘安、刘勃、刘赐等为王，将淮南国一分为三。贾谊关于众建诸侯的建议，至此才得以实施，但皇权和王权的矛盾并没有从根本上得到解决，分权和集权的问题依然存在。

【题解】

苏轼于嘉祐二年（1057 年）到京城参加科举考试，试于礼部，到嘉祐五年（1060 年）任大理寺评事，签书凤翔府判官。四年时间先后撰写二十五篇《进策》、二十五篇《进论》，并于嘉祐六年（1061 年）应制科试呈献，这些策论基本上系统阐述了他的政治思想和主张。《贾谊论》就是《进论》中的一篇。

文中苏轼批评贾谊“志大而量小”“才有余而识不足”，他认为贾谊没有得到君王重用，与贾谊自身性格缺陷和不善于处理人际关系有关。文章表达了苏轼对贾谊为人和遭遇的既同情惋惜又批判否定的态度。

【原文】

非才之难，所以自用者实难。惜乎！贾生[①]，王者之佐，而不能自用其才也。

夫君子之所取者远，则必有所待；所就者大，则必有所忍。古之贤人，皆负可致之才，而卒不能行其万一者，未必皆其时君之罪，或者其自取也。

愚观贾生之论，如其所言，虽三代何以远过？得君如汉文[②]，犹且以不用死。然则是天下无尧、舜，终不可有所为耶？仲尼[③]圣人，历试于天下，苟非大无道之国，皆欲勉强扶持，庶几一日得行其道。将之荆，先之以冉有[④]，申之以子夏[⑤]。君子之欲得其君，如此其勤也。孟子去齐，三宿而后出昼[⑥]，犹曰："王其庶几召我。"君子之不忍弃其君，如此其厚也。公孙丑问曰："夫子何为不豫？"[⑦]孟子曰："方今天下，舍我其谁哉，而吾何为不豫？"君子之爱其身，如此其至也。夫如此而不用，然后知天下果不足与有为，而可以无憾矣。若贾生者，非汉文之不能用生，生之不能用汉文也。

夫绛侯[8]亲握天子玺而授之文帝，灌婴[9]连兵数十万，以决刘、吕之雌雄，又皆高帝之旧将，此其君臣相得之分，岂特父子骨肉手足哉？贾生，洛阳之少年，欲使其一朝之间，尽弃其旧而谋其新[10]，亦已难矣。为贾生者，上得其君，下得其大臣，如绛、灌之属，优游浸渍而深交之，使天子不疑，大臣不忌，然后举天下而唯吾之所欲为，不过十年，可以得志。安有立谈之间，而遽为人“痛哭”[11]哉？观其过湘为赋以吊屈原[12]，萦纡郁闷，趯然有远举之志。其后卒以自伤哭泣，至于夭绝。是亦不善处穷者也。夫谋之一不见用，则安知终不复用也？不知默默以待其变，而自残至此。呜呼，贾生志大而量小，才有余而识不足也。

古之人，有高世之才，必有遗俗之累。是故非聪明睿智不惑之主，则不能全其用。古今称苻坚得王猛于草茅之中[13]，一朝尽斥去其旧臣，而与之谋。彼其匹夫略有天下之半，其以此哉！愚深悲贾生之志，故备论之。亦使人君得如贾生之臣，则知其有狷介之操，一不见用，则忧伤病沮，不能复振。而为贾生者，亦谨其所发哉！

【注释】

① 贾生：即贾谊。

② 汉文：汉文帝刘恒（前 203—前 157 年），汉高帝刘邦第四子。即位后，励精图治，厉行节俭，与民休养生息，实现社会安定，开启“文景之治”。是西汉前期最有作为的君主之一。

③ 仲尼：即孔子，字仲尼。

④ 冉有：孔子弟子冉求，字子有，又称冉有，鲁国人。以政事见称。曾担任季氏宰臣。

⑤ 子夏：孔子弟子卜商，姒姓，卜氏，名商，字子夏。以“文学”著称。

⑥ 昼：齐地名，在今山东临淄。孟子曾在齐国为卿，后来见齐王不能行王道，便辞官而去，但是在昼地停留了三天，想等齐王改悔，重新召他入朝。事见《孟子·公孙丑下》。

⑦ 事见《孟子·公孙丑下》。孟子去齐。充虞路问曰：“夫子若有不豫色然。前日虞闻诸夫子曰：‘君子不怨天，不尤人。’”曰：“……夫天未欲平治天下也；如欲平治天下，当今之世，舍我其谁也？吾何为不豫哉？”充虞，孟子弟子，苏轼这里误为公孙丑。

⑧ 绛侯：即周勃，汉初大臣。秦末随刘邦起事，汉代封为绛侯。汉文帝刘恒初封为代王。吕后死后，诸吕欲篡权，以周勃、陈平、灌婴等为首的刘邦旧臣共诛诸吕，迎立刘恒为帝。周勃曾向刘

恒跪献天子玺。

⑨ 灌婴：汉朝开国功臣，吕后死后，与周勃等平定诸吕、拥立文帝。

⑩ 贾谊任太中大夫时，曾向文帝提出“改正朔，易服色，法制度，定官名，兴礼乐”以及列侯就国、更改律令等一系列建议，得罪了周勃、灌婴等人。

⑪ “痛哭”：贾谊进献的《治安策》谈及当时形势，有“可为痛哭者一，可为流涕者二，可为长太息者六”之言。

⑫ 贾谊被贬为长沙王太傅，途经湘江时，写下《吊屈原赋》凭吊屈原，抒发怨愤之情。

⑬ 苻坚为十六国时期前秦国君。王猛为前秦大臣，初隐居华山，后受苻坚召，拜为中书侍郎。王猛受到苻坚的宠信，屡有升迁，权倾内外，遭到旧臣仇腾、席宝的反对。苻坚大怒，贬黜仇、席二人，于是上下皆服。事见《晋书·载记·王猛》。

【译文】

人要有才能并不难，难的是施展自己的才能。可惜啊！贾谊虽有辅佐帝王之才，却未能施展出来。

有理想有抱负的人想要达到长远的目标，就一定要有所等待；要想成就伟大的功业，就一定要有所忍耐。古代贤能之士，都有建功立业的才能，但有些人最终未能施展其才能的万分之一，究其原因，未必都是当时君王的过错，也有可能是他们自己造成的。

我看贾谊的言论，如果真的按照他的主张治理国家，即便夏、商、周三代的成就又怎能远超他呢？遇到像汉文帝这样的明君，尚且因为未被重用而郁郁死去，那么，如果天下没有尧、舜那样的圣君，就注定不能有所作为了吗？像孔子这样的圣人，曾周游天下推行他的治国之道，只要不是暴虐无道的国家，他都想尽力扶助，希望有一天能实践他的政治主张。孔子将要到楚国去时，先派冉有去，再派子夏去，反复声明自己的主张。君子要想得到国君的重用，是这样诚恳勤勉。孟子离开齐国时，在昼地住了三天才出发，临行时还说："齐王大概会召我回朝。"君子不忍舍弃他的国君，是这样情谊深厚。公孙丑向孟子问道："先生为什么不高兴？"孟子回答："当今世上，除了我还有谁能担当治国平天下的重任呢？我为什么要不高兴呢？"君子爱惜尊重自身，达到了这样的程度。如果这样做了还是得不到重用，那么就应当明白世上果真已经没有可共图大业的君主了，也就可以没有遗憾了。像贾谊这样的人，并不是汉文帝不重用他，而是贾谊不能让汉文帝重用他自己啊。

周勃曾亲手捧着皇帝的印玺献给汉文帝，灌婴曾率领数十万大军，来决定刘、吕两家胜败的命运，他们又都是汉高祖的旧部，他们这种君臣遇合的深厚情分，哪里只是父子兄弟骨肉之亲才有呢？贾谊不过是洛阳的一个年轻后生，却想使汉文帝在一朝一夕之间，完全抛弃旧有的规章制度而实施新政，这也太难了。作为贾谊，如果在上取得皇帝的信任，在下得到大臣的支持，对于周勃、灌婴这班元老大臣，从容地和他们加深交往，渐渐地渗透自己的观念，使得君王不猜疑，大臣不忌恨，这样才能使整个国家按自己的主张去治理，不出十年，就可以实现自己的理想。怎么能在与皇帝顷刻的交谈之间就突然谈论值得痛哭流涕的天下形势呢？我看他路过湘江时作赋凭吊屈原，心绪紊乱，忧思郁结，冲动表露想要退隐的想法。后来终于因为自伤怀才不遇而忧愁哭泣，以至于短命早夭，这是不善于在逆境中生存的表现。自己的谋略一次没被采用，怎么知道就永远不再被采用呢？不懂得默默地等待形势的变化，而自我摧残到如此地步。唉，贾谊真是志向远大而气量狭小，才能有余而见识不足啊。

自古以来，有出类拔萃才能的人，必然会面临摒弃世俗而导致的不利境地。因此没有英明智慧、不受蒙蔽的君主，就不能充分发挥他们的作用。古往今来人们都称赞苻坚能从草野平民之中起用王猛，在很短时间内弃用全部旧臣而与王猛一人商讨军国大事。苻坚那样一个平常之辈，竟能夺取半个天下，大概就是因为这一点吧！我很惋惜贾谊的抱负未能施展，所以对他详细评论。也希望君主明白，如果得到像贾谊这样的臣子，应当了解这类人有孤高不群的操守性格，一旦不被重用，就会忧伤沮丧颓废，不能重新振作起来。而像贾谊这种人，也应该有节制地发泄情感、谨慎地立身处世啊！

【今评】

贾谊少有才名，却因为遭到妒忌诽谤而被文帝疏远，三十三岁郁郁而终。自古以来，人们对怀才不遇的贾谊一直抱以深切的同情。唐代李商隐的名句“可怜夜半虚前席，不问苍生问鬼神”，直接表露了对贾谊的同情，讽刺汉文帝不能识贤、任贤。苏轼却一反众论，分析贾谊悲剧的根本原因是“不能自用其才”“不善处穷”“志大而量小”“才有余而识不足”，批评贾谊不知结交大臣以图见信于朝廷。文章点明，正确的做法是，要像前代的圣贤孔子、孟子一样，处于低谷时要能够忍耐，要相信自己，相信君王，磨炼自己，等待时机，相信总有一天会有施展才能的机会。文章首段即开门见山地表明观点，接着由深重的惋惜转为舒缓的说理，提出“有所待”“有所忍”

是君子施展抱负必须经历的艰苦过程；又以孔子、孟子为例说明贤人与帝王之间的关系；还从贾谊当时的历史背景出发，分析汉文帝不用贾谊的客观原因，一边是情同至亲的开国功臣，一边是初出茅庐的洛阳少年，通过对比可见汉文帝的决定合情合理。文章最后提醒人君爱惜人才，希望他们正确对待和使用像贾谊这类“有狷介之操”的人才，不要造成人才浪费。同时提醒人才应谨言慎行，以求自用其才。文章从意想不到的角度切入，得出预料之外的结论，立论新异，论证周密，见解深刻。

范增论

〔宋〕苏轼

【作者简介】

见前。

【文中人物介绍】

范增（前 277—前 204 年），秦朝末年西楚霸王项羽的主要谋士，被项羽尊称为“亚父”，后被封为历阳侯。秦亡时，他舍近求远，没有走向陈涉而是投奔了项梁。他向项梁准确分析了陈涉起义失败的原因，说服项梁立楚王之后而不自立，以从民之所望。后跟随项羽，屡献奇谋、屡立战功。

他看出了刘邦的“天子气”，断言刘邦是项羽的致命威胁。鸿门宴时，曾多次示意项羽杀刘邦，终未成功。汉高帝三年（前204年），陈平施展离间计，使范增受到项羽猜忌，愤而辞归，途中病亡。

范增与项羽之间的矛盾在鸿门宴上就已明朗化了，刘邦仓皇逃席，留下张良送礼斡旋，范增“受玉斗，置之地，拔剑撞而破之”，怒骂项羽“竖子不足与谋”，宣告两人的合作破裂。因为当着张良的面，这为后来陈平施用反间计提供了思路。在“稍夺其权”之前，项羽实际上已经推翻了范增确定的行动方案，“自立为西楚霸王，王九郡，都彭城”，他们之间的矛盾是不可调和的。终于有一天，范增认为项羽不可能成功，于是不再努力修复两人之间的裂痕，愤而转身离开。正如陈寿《三国志》所说，“昔项羽背范增之谋，以丧其业”，古之论者一般认为范增对于项羽功业成败起着至关重要的作用。

在历史上，范增往往作为忠臣义士受到赞扬。元末明初的瞿祐有诗云：“虎斗龙争既不能，鸡鸣狗盗亦无闻。陈平韩信皆归汉，只欠彭城老范增。”但是，关于范增的非议也不少。宋代洪迈《容斋随笔》中写道，范增提议立义帝，却并未阻止项羽把义帝分封到偏远之地再秘密诛杀；后楚怀王与诸将约定先入函谷关者为王，刘邦率先进入关中之后，范增却想让项羽在鸿门宴上杀掉刘邦；范增并未劝阻项羽杀上将宋义，也未阻止项羽“坑秦降卒”“烧秦宫室”，因此洪迈说“范增非人杰”。明代张燧在《千百年眼》中干脆连范增的“谋”也否定了，说“范增智不如儿女子”。

【题解】

这是苏轼在嘉祐六年（1061 年）应制科试时所上二十五篇《进论》中的一篇。苏轼曾评价自己“少时好议论古人”，这些《进论》集中反映了青年苏轼借议论历史人物表达自己对于从政之道的想法。

范增，辅佐项羽称霸诸侯，被项羽尊为亚父，当成重要的谋士，后来却被项羽百般猜忌，最终忧愤病亡。本文苏轼批评范增“不知几”、不明“去就之分”，指责他未能在项羽杀宋义时离开，而是“欲依项羽以成功名”，苏轼认为范增的悲剧是由于未能洞察形势并及时抽身而退造成的。

【原文】

汉[①]用陈平[②]计，间疏楚君臣，项羽[③]疑范增与汉

有私，稍夺其权。增大怒曰：“天下事大定矣，君王自为之，愿赐骸骨归卒伍。”归未至彭城，疽发背死。苏子[④]曰：增之去，善矣。不去，羽必杀增。独恨其不早尔。

然则当以何事去？增劝羽杀沛公[⑤]，羽不听，终以此失天下，当于是去耶？曰：否。增之欲杀沛公，人臣之分也；羽之不杀，犹有君人之度也。增曷为以此去哉？《易》曰：“知几其神乎！”[⑥]《诗》曰：“相彼雨雪，先集维霰。”[⑦]增之去，当于羽杀卿子冠军[⑧]时也。陈涉[⑨]之得民也，以项燕[⑩]、扶苏[⑪]。项氏之兴也，以立楚怀王孙心[⑫]。而诸侯叛之也，以弑义帝[⑬]。且义帝之立，增为谋主矣。义帝之存亡，岂独为楚之盛衰，亦增之所与同祸福也。未有义帝亡而增独能久存者也。羽之杀卿子冠军也，是弑义帝之兆也。其弑义帝，则疑增之本也，岂必待陈平哉？物必先腐也，而后虫生之；人必先疑也，而后谗入之。陈平虽智，安能间无疑之主哉？

吾尝论义帝，天下之贤主也。独遣沛公入关，而不遣项羽；识卿子冠军于稠人之中，而擢以为上将，不贤而能如是乎？羽既矫杀卿子冠军，义帝必不能堪，非羽弑帝，则帝杀羽，不待智者而后知也。增始劝项梁[⑭]立义帝，诸侯以此服从。中道而弑之，非增之意也。夫岂独非其意，将必力争而不听也。不用其言，而杀其所立，羽之疑增，必自此始矣。

方羽杀卿子冠军，增与羽比肩而事义帝，君臣之分未定也。为增计者，力能诛羽则诛之，不能则去之，岂不毅然大丈夫也哉？增年已七十，合则留，不合则去，不以此时明去就之分，而欲依羽以成功名，陋矣！虽然，增，高帝之所畏也；增不去，项羽不亡。呜呼！增亦人杰也哉！

【注释】

① 汉：指汉高祖刘邦。

② 陈平：西汉开国功臣之一。楚汉相争时，原为项羽部属，后投奔刘邦，成为刘邦的重要谋士。刘邦困守荥阳时，陈平献计捐金数万斤，离间项羽君臣，使范增忧愤病死。关于陈平离间项羽与范增的关系，史料是这样记载的：项羽派使者见刘邦，汉军方面准备盛宴款待，但见到使者，又假装惊愕地说："我还以为是亚父派来的人，怎么是项王的使者呢？"说完就把准备好的精美筵席撤下，换上粗劣的饭食。使者回去报告项羽，从此范增就受到了项羽的猜忌。

③ 项羽：名籍，字羽，楚国贵族出身。秦亡后，自称西楚霸王，封刘邦为汉王，在与刘邦争夺统治权力时失败自杀。

④ 苏子：苏轼自称。

⑤ 沛公：即汉高祖刘邦。

⑥ 出自《周易·系辞下》。

⑦ 出自《诗经·小雅·頍弁》。

⑧ 卿子冠军：指宋义。卿子冠军为其尊号。楚怀王封宋义为上将军，项羽为次将，范增为末将，领兵救赵。途中，宋义畏缩不前，项羽矫诏杀之。

⑨ 陈涉：名胜，秦末农民起义领袖。联合吴广率领戍卒在大泽乡起义，利用项燕扶苏的名义，占据陈郡称王，建立张楚政权。次年，陈胜被秦将章邯所败。

⑩ 项燕：战国末年楚国名将，项羽祖父。秦灭楚时，项燕曾率军抗击，兵败自杀。

⑪ 扶苏：秦始皇长子，刚毅勇武，为人宽仁，有政治远见。因反对“焚书坑儒”而直言劝谏，触怒秦始皇。受命前往上郡，协助大将蒙恬修筑长城、抵御匈奴。秦始皇死后，中车府令赵高联合丞相李斯，拥立胡亥登基，矫诏逼令扶苏自尽。

⑫ 心：楚怀王之孙熊心。项梁曾立熊心为怀王。项羽自称西楚霸王后，又尊熊心为义帝。后被项羽派人杀害。

⑬ 义帝：即熊心。

⑭ 项梁：项燕之子，项羽叔父。秦末，起兵于会稽，拥立楚王熊心即位，自号武信君。在反秦起义中，颇有战功。后受到秦国名将章邯突然袭击，大战于定陶，兵败身死。

【译文】

汉高祖刘邦采用陈平的计策，离间疏远西楚的君臣关系。项羽怀疑范增和汉高祖暗中来往，逐渐削弱剥夺他的权力。范增大怒，说："天下大势已经大致确定了，君王您自己治理吧，希望您能恩准让我告老还乡。"他在回乡途中，还没到彭城，就因背上发毒疮而死。苏子说：范增走得好啊，如果还不离开，项羽一定会杀他。只是遗憾他没有早点离开。

既然如此，那么范增应当为什么事离开呢？当初范增劝项羽杀刘邦，项羽不听，最终因此而失去天下，范增应当在这个时候离开吗？回答说：不是。范增想要杀死沛公，这是作为臣子的本分；项羽不杀刘邦，说明他还有作为君王的度量。范增为何要因为这件事离去呢？《易经》说："能根据微小预兆知晓事情的趋势，差不多就是神明吧。"《诗经》说："观察气象变化，如要下雪，水气必定先凝聚成小雪珠。"范增离开，应当在项羽杀卿子冠军宋义的时候。陈涉能够得到民心，是因为打出了楚将项燕和公子扶苏的旗帜。项氏的兴盛，是因为拥立楚怀王孙子熊心为义帝。而诸侯背叛项羽，也是因为他谋杀了义帝。再说拥立义帝，范增实际上是主谋。义帝的存亡，岂止决定楚国的盛衰，也与范增的祸福密切相关。绝对没有义帝被杀而唯独范增能够长久保全的道理。项羽杀卿子冠军宋义，就是谋杀义帝的先兆。他杀害义帝，就是怀疑范增的根由，难道还要等到陈平施反间之计吗？东西必定是先腐烂了，然后才能生出虫来；人必定先有了怀疑之心，然后才听得进谗言。陈平虽说智慧过人，又怎么能够离间没有猜疑之心的君主呢？

我曾经评论义帝，称他是天下的贤君。只派遣刘邦入关而不派遣项羽，在众多将领中识别出卿子冠军，并且提拔他作上将军，如果不是贤明之君能做到吗？项羽既然假托义帝之命杀死了卿子冠军，义帝必然不能容忍。因此，不是项羽谋杀义帝，就是义帝杀掉项羽，这点用不着智者指点就能明白。范增当初劝项梁拥立义帝，诸侯因此服从调遣。中途谋杀义帝，这不是范增的主意。其实非但不是他的主意，而且他必然极力反对，而项羽没有接受。不采用他的忠告而杀死他所拥立之人，项羽怀疑范增，一定是从这时就开始了。

在项羽杀卿子冠军之时，项羽和范增并肩而立同属义帝部下，他们之间还没有确定君臣名分。如果替范增考虑，有能力杀项羽就杀掉他，不能杀他就离开他，岂不是很果断的大丈夫吗？范增年龄已经七十岁，意见相合就留下来，意见不合就离开他，不在这个时候明确去留的分寸，却想依靠项羽而成就功名，真是见识浅陋啊！即使这样，范增还是汉高祖所畏惧的。范增不离去，项羽就不会灭亡。唉！范增也算得上是人中豪杰啊！

【今评】

苏轼的观点影响深远。明代方凤《读范增传》诗云："陈平间计羽疑增，疽发彭城亦可矜。弑帝江中便归去，不教遗恨死填膺。"就是持苏轼之观点。

然而苏轼忽略了一点，项羽面对的是深谋远虑的政治老手刘邦。范增劝说项梁立义帝，是谋略。而这个谋略，也被刘邦最大化地予以利用。据《史记·高祖本纪》记载，刘邦听到义帝被杀的消息，扒光上身衣服号啕大哭，还为义帝发丧、穿孝服。刘邦迅速挥舞义帝这面大旗聚拢民心，反击项羽，效果极佳。陆游有诗评曰："八尺将军千里骓，拔山扛鼎不妨奇。范增力尽无施处，路到乌江君自知。"

文章从范增与项羽的矛盾初现端倪展开论述，推测项羽对范增早有疑心，项羽不听范增之言而杀了卿子冠军，范增应当于此时离开。苏轼的分析也合乎情理。文章一波三折，历来为人所赞叹。

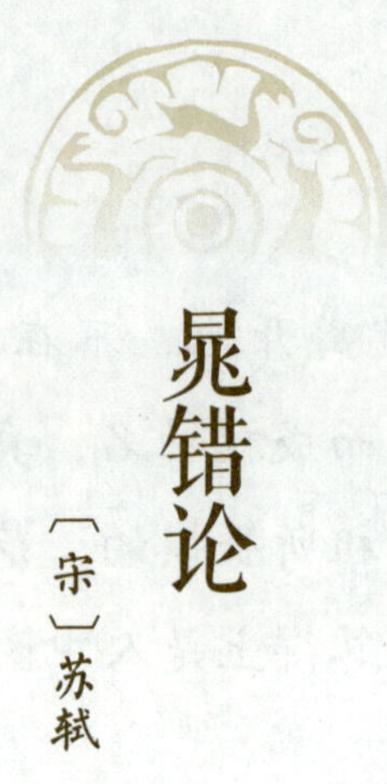

晁错论

〔宋〕苏轼

【作者简介】

见前。

【文中人物介绍】

晁错（前 200—前 154 年），颍川（今河南禹州）人，西汉文帝时的智囊人物。曾师从伏生学习《尚书》，后被汉文帝授博士，在汉初经学发展和文化传播方面起到了重要作用。他目光犀利，见解独到，机智敏锐，忠心维护中央集权，曾深受汉景帝器重，历任内史、御史大夫等职。他主张重农贵粟，建议削弱诸侯，被汉景帝采纳，招致王侯权贵忌恨。汉景帝四年（前154年），吴、楚等七国以“讨晁错以清君侧”为名，发动叛乱，晁错因此被杀。

【题解】

《晁错论》写于宋仁宗嘉祐年间，一般认为是苏轼应制科试所上二十五篇《进论》之一。汉景帝为了巩固中央集权，采信了晁错削藩的建议，结果引发了“七国之乱”，又由于七国“诛晁错、清君侧”的压力以及袁盎的进言，诛杀了晁错。历代以来，人们为晁错叹惋，认为晁错忠心耿耿却落了个身首异处的下场，是历史上一大冤案。后人由此多同情晁错一心为国反受极刑。如明代李贽称赞晁错公而忘私，国而忘家。然而历代也有关于晁错的非议。宋代何去非认为，吴王刘濞年过花甲，本无野心，晁错提出削藩，触怒了吴王，举兵叛乱，是晁错挑起了七国之乱。清代王夫之认为晁错在削藩问题上急功冒进，不合时宜；清代钱大昕指责晁错在七国之乱时不能为汉景帝分忧，反而让汉景帝御驾亲征，晁错之死是汉之幸事。苏轼在本文中则一反历史陈调，指出晁错的杀身之祸是自己造成的，错在提议“削藩”时考虑不周、操之过急，临危之时只图自保、不能舍身报君。

【原文】

天下之患，最不可为者，名为治平无事，而其实有不测之忧。坐观其变，而不为之所，则恐至于不可救。起而强为之，则天下狃于治平之安，而不吾信。惟仁人君子豪杰之士，为能出身为天下犯大难，以求成大功。此固非勉强期月之间，而苟以求名之所能也。天下治平，无故而发大难之端，吾发之，吾能收之，然后有辞于天下。事至而循循焉欲去之，使他人任其责，则天下之祸，必集于我。

昔者晁错尽忠为汉，谋弱山东[①]之诸侯。山东诸侯并起，以诛错为名。而天子不之察，以错为之说。天下悲错之以忠而受祸，不知错有以取之也。

古之立大事者，不惟有超世之才，亦必有坚忍不拔之志。昔禹之治水[②]，凿龙门[③]，决大河[④]而放之海。方其功之未成也，盖亦有溃冒冲突可畏之患，惟能前知其当然，事至不惧，而徐为之图，是以得至于成功。

夫以七国[⑤]之强，而骤削之，其为变岂足怪哉？错不于此时捐其身，为天下当大难之冲，而制吴、楚之命，乃为自全之计，欲使天子自将而己居守。且夫发七国之难者谁乎？己欲求其名，安所逃其患？以自将之至危，与居守之至安，己为难首，择其至安，而遗天子以其至危，此忠臣义士所以愤怨而不平者也。当此之时，虽无袁盎[⑥]，错亦未免于祸。何者？己欲居守，而使人主自将，以情而言，天子固已难之矣，而重违其议，是以袁盎之说得行于其间。使吴、楚反，错以身任其危，日夜淬砺，东向而待之，使不至于累其君，则天子将恃之以为无恐。虽有百盎，可得而间哉？

嗟夫！世之君子欲求非常之功，则无务为自全之计。使错自将而讨吴、楚，未必无功。惟其欲自固其身，而天子不悦，奸臣得以乘其隙。错之所以自全者，乃其所以自祸欤？

【注释】

① 山东：崤山以东地区。

② 禹之治水：大禹是尧帝时代的治水英雄。初，尧帝命鲧治水。鲧治水失败后，由其子禹主持治水工作。大禹的治水理念是“治水须顺水性，水性就下，导之入海”，水脉从此畅通，滔滔大水

顺利东流入海。

③ 龙门：今山西河津西北。

④ 大河：即黄河。

⑤ 七国：即汉景帝时发起叛乱的七个刘姓宗室诸侯国，吴、楚、赵、济南、淄川、胶西、胶东。

⑥ 袁盎：袁盎为人敢言直谏，曾因触犯汉文帝，被调任陇西都尉，历任齐相、吴相。汉景帝时，因与吴王刘濞私下往来，被晁错告发贬为庶人。吴楚等七国叛乱，袁盎奏请斩晁错以平众怒。叛乱平定后，封为楚相。

【译文】

天下的祸患，最难处理的，莫过于表面上社会安定无事，而实际上却存在难以预测的危险。如果消极地看着祸乱发生却不去想方设法应对，那么恐怕祸乱就会发展到无可挽回的地步。如果起来坚决地制止它，又担心天下人因为习惯于这种安定的表象而不相信我。只有那些仁人君子、豪杰人士，才能挺身而出，为国家安定而冒最大的风险，以求得成就伟大的功业。这本来就不是通过一两个月的短期努力、企图追求名利的人所能做到的。国家安定太平，无缘无故地触发巨大灾祸的导火线，我触发了它，我又能制止它，然后才能有充分理由说服天下人。如果祸乱发生却躲躲闪闪地想避开它，让别人去承担责任，那么天下的祸患，必定要集中到我的身上。

从前晁错为汉室尽忠，谋划削弱崤山以东诸侯各国的势力。于是山东诸侯借着杀晁错的名义，合力起兵。可是景帝没有洞察到他们的用心，就杀了晁错来说服他们退兵。天下人都悲悯同情晁错因尽忠而遭到杀身之祸，却不明白招致祸患也有晁错自己的原因。

自古以来凡是做成大事业的人，不仅有出类拔萃的才能，也一定有坚忍不拔的意志。从前大禹治水，凿开龙门，疏通黄河，使洪水东流入海。当他的治水工程尚未成功时，可能也有决堤、漫堤等可怕的祸患发生，只是他事先就预料到会这样，祸患发生时就不会惊慌失措，而能从容治理，所以最终能够取得成功。

七国那样强大，却突然想削弱它们的势力，发生叛乱难道值得奇怪吗？晁错不在这个关键时候豁出自己的性命，为天下人站到抵挡大难的最前头，从而控制吴、楚等国的命运，却居然为了保全自己的性命，想让景帝御驾亲征平定叛乱，而自己留守京城。再说挑起七国之乱的究竟是谁呢？自己想赢得削藩建功的美名，又怎么能躲避它所带来的患难呢？亲自带兵平定叛乱必定极其危险，留守京城必定极其安全，自己本来是引发祸乱的罪魁祸首，却选择最安全的事情，把最危险的任务留给皇帝，这就是让忠臣义士们愤恨不平的原因啊。在这个时候，即使没有袁盎，晁错也不可能免于杀身之祸。为什么呢？自己想要留守京城，却叫皇帝御驾亲征，按情理来说，皇帝对此本来已经觉得很难忍受了，但又不好反对他的建议，这样正好给了袁盎进言的机会，使他的目的能够得逞。假如吴、楚等七国叛乱时，晁错豁出性命承担这一危险的平叛重任，夜以继日兢兢业业操练军队，向东警戒严阵以待，让君主不至于受到烦忧，那么皇帝就会充分依靠他，不觉得七国叛乱有什么可怕。纵使有一百个袁盎，能有机可乘离间他们君臣的关系吗？

唉！世上的君子，如果想要建立非同一般的功业，就不要考虑保全性命的计策。假如晁错亲自带兵去讨伐吴、楚等七国，不一定就不会成功。只因他一心想保全自身，而惹得皇帝不高兴，奸臣正好趁此钻了空子。晁错企图保全自己的性命，不正是他招致杀身之祸的原因吗？

【今评】

这是一篇翻案文章，苏轼总结晁错削藩失败的教训，是“自祸”而非汉景帝之错。晁错因提出削藩建议，激起七国借口诛晁错而发动叛乱，最终被汉景帝所杀。后代评论者大多悲叹晁错因尽忠而蒙害。但苏轼却一反旧论，开头第一句议论就有很强的针对性，分析晁错取祸的原因：是谁引发七国之乱、面临险境却自己选择最安全的处所、把天子陷入至危的境地？于是，接下来的推论就顺理成章：晁错这样就成了忠义之士愤恨的人，即使没有袁盎的谗言，他也不会幸免于祸。文章结尾再次强调临危而逃、自固其身是晁错取祸的原因。作者生活的时代，治平已久，文恬武嬉，积贫积弱，作者敏感思治，此论实为有感而发。他批评晁错，要“立大事”，就要有政治预见性，要有妥当周密的预案和措施，有坚忍不拔的意志，要有舍我其谁的担当。晁错不是大禹，既缺乏坚强的意志，又没有临危不惧的气概，还操之过急；有挑起事端之举，却无平息叛乱之勇，又没有自保之谋，最终惨遭杀戮。因此，苏轼坚定认为，晁错被杀的根本原因还是在他自己。

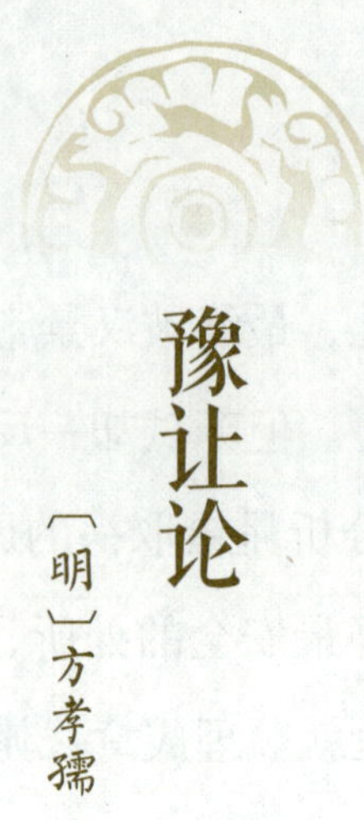

豫让论

〔明〕方孝孺

【作者简介】

方孝孺（1357—1402年），字希直，又字希古，号逊志，浙江宁海县人。明朝大臣、文学家、思想家。幼时好学，长大后，师从宋濂，常以明王道、致太平为己任。时人因其故里旧属缑城里，称其为“缑城先生”；又因洪武间在蜀任教时，蜀献王名其读书处为“正学”，亦称“正学先生”。明惠帝即位，召为翰林侍讲，次年迁侍讲学士，后改文学博士，主持编纂《太祖实录》《类要》。燕王朱棣发动“靖难之役”，方孝孺多次为建文帝谋划对策。后朱棣引兵攻入京师，命方孝孺起草登基诏书。方孝孺不从，被杀，惨被灭族。方孝孺主张作文要“神会于心”“道明而辞达”。《四库全书总目》称其“学术醇正”，文章“乃纵横豪放，颇出入于东坡（苏轼）、龙川（陈亮）之间”，著有《逊志斋集》。

【文中人物介绍】

豫让，战国时晋国人，先为晋国大臣范氏、中行氏的家臣，赵简子灭范氏、中行氏后，改投靠晋国正卿智瑶（即智伯）做了家臣。赵、韩、魏共灭智氏，赵襄子“漆其头以为饮器”。豫让改名换姓，立誓“我必为报仇”。第一次行刺赵襄子失败后，以漆涂身，吞炭变哑，改变形貌，再度谋刺赵襄子。又被捕，伏诛前，求得赵襄子衣服，拔剑三跃，呼天击之，以示为主复仇，之后自杀。事见《战国策·赵策》《史记·刺客列传》。

【题解】

本文选自方孝孺《逊志斋集》。方孝孺把圣贤作为表率，反对空谈，主张“经世宰物”，注重实际行动，但是，他的治世良方是不切实际的，即使朱棣不起兵，他“以周礼治天下”的愿望也难以实现。

作者认为，豫让为了报答智伯之恩，一再行刺赵襄子，即使知道行刺不成，还要在自杀前完成形式上的行刺，这样的行为不值得称道。

【原文】

士君子立身事主，既名知己，则当竭尽智谋，忠告善道[①]，销患于未形，保治于未然，俾身全而主安。生为名臣，死为上鬼，垂光百世，照耀简策，斯为美也。苟遇知己，不能扶危于未乱之先，而乃捐躯殒命于既败之后，钓名沽誉，眩世炫俗，由君子观之，皆所不取也。

盖尝因而论之。豫让臣事智伯[②]，及赵襄子[③]杀智伯，让为之报仇，声名烈烈，虽愚夫愚妇莫不知其为忠臣义士也。呜呼！让之死固忠矣，惜乎处死之道有未忠者存焉。何也？观其漆身吞炭[④]，谓其友曰："凡吾所为者极难，将以愧天下后世之为人臣而怀二心者也。"谓非忠可乎？及观斩衣三跃[⑤]，襄子责以不死于中行氏[⑥]而独死于智伯。让应曰："中行氏以众人待我，我故以众人报之；智伯以国士待我，我故以国士报之。"即此而论，让有余憾矣。

段规之事韩康[⑦]，任章之事魏献[⑧]，未闻以国士待之也，而规也章也，力劝其主从智伯之请，与之地以骄其志，而速其亡也。郄疵[⑨]之事智伯，亦未尝以国士待之也，而疵能察韩、魏之情以谏智伯。虽不用其言以至灭亡，而疵之智谋忠告，已无愧于心也。让既自谓智伯待以国士矣，国士，济国之士也。当伯请地无厌之日，纵欲荒暴之时，为让者，正宜陈力就列，谆谆然而告之曰："诸侯大夫，各安分地，无相侵夺，古之制也。今无故而取地于人，人不与，而吾之忿心必生；与之，则吾之骄心以起。忿必争，争必败；骄必傲，傲必亡。"谆切恳告，谏不从，再谏之；再谏不从，三谏之；三谏不从，移其伏剑之死，死于是日。伯虽顽冥不灵，感其至诚，庶几复悟，和韩、魏，释赵围，保全智宗，守其祭祀。若然，则让虽死犹生也，岂不胜于斩衣而死乎？让于此时，曾无一语开悟主心，视伯之危亡犹越人视秦人之肥瘠也。袖手旁观，坐待成败，国士之报，曾若是乎？智伯既死，而乃不胜血气之悻悻，甘自附于刺客之流，何足道哉？何足道哉？

虽然，以国士而论，豫让固不足以当矣。彼朝为仇敌，暮为君臣，腼然而自得者，又让之罪人也。噫!

【注释】

① 忠告善道：诚恳地劝告，善意地引导。出自《论语·颜渊》，“子贡问友。子曰：‘忠告而善道之，不可则止，毋自辱焉。’”

② 智伯：智氏，名瑶。智氏出于荀氏，故又多称其荀瑶，时人尊称智伯，谥号曰襄，后世称为智襄子。晋国在位时间最长的执政大臣，智氏成为晋国四卿（智、韩、赵、魏）之首。智伯向韩、赵、魏三家讨要万户封邑，韩氏、魏氏先后献邑，唯独赵氏不肯。智伯集结韩、魏两家讨伐赵氏，赵氏退守晋阳，赵襄子暗中派人说服韩氏、魏氏倒戈，智氏兵败身亡。

③ 赵襄子：赵氏，名无恤，一作毋恤，赵简子之子，春秋时晋国卿大夫，联合魏、韩攻灭智伯。

④ 漆身吞炭：豫让为了给智伯报仇，在身上涂漆，吞炭使喉咙变哑，故意改变容貌和声音，使人不能认出自己。

⑤ 斩衣三跃：豫让刺杀赵襄子不成，被俘获。豫让请求允许自己用剑刺击赵襄子的衣服，赵襄子同意了。于是举衣持剑三跃而击之，以示为主复仇，遂自杀。

⑥ 中行氏：晋国六卿之一，豫让曾为其家臣。

⑦ 段规之事韩康：段规为春秋时晋国贵族韩康子的谋臣。智伯曾向韩康子索要土地，韩康子打算拒绝，段规劝韩康子答应，以

使智伯越来越骄横，从而自取灭亡，韩康子从之。

⑧ 任章之事魏献：任章为春秋时晋国贵族魏献子的谋臣。智伯曾向魏献子索要土地，魏献子打算拒绝，任章劝魏献子答应，以使智伯越来越骄横，从而自取灭亡，魏献子从之。

⑨ 郄疵：智伯的家臣。智伯从韩、魏获得土地，越发骄纵，又向赵索要土地，遭到拒绝。智伯逼迫韩魏出兵攻打赵国。郄疵察觉到这样做可能会逼迫韩、魏反叛，曾劝告智伯，但智伯不听。

【译文】

士人君子要建立功名，侍奉君主，既然被君主称为知己，那就应当竭尽智谋，忠诚劝告，巧妙开导，在祸患还未显露时就加以消除，在动乱发生之前就维持社会的安定，使自己保全，使君主没有危险。活着是有名的忠臣，死后成为高尚的英灵，流芳百世，照耀史册，这才是值得赞美的。如果遇到知己的君主，不能拯救危难于动乱之前，而在事情失败之后才去献身自尽，沽名钓誉，迷惑世人，这在君子看来，都是不足取的。

我曾经因此评论过豫让。豫让做智伯的家臣，等到赵襄子杀了智伯，豫让为智伯报仇，名声显赫，即使是愚昧无知的平民百姓，也没有一个不知道他是忠臣义士的。

唉！豫让的死固然可以称为忠义了，只可惜他在死的方式上还是有不忠的表现。为什么呢？看他用漆涂满全身，吞炭弄哑喉咙，对他朋友说："我做的事情极其艰难，我是想用这种行为使天下后世做臣子而怀有二心的人感到羞愧。"这能说他不忠吗？等看到他连续三次跳起来，用剑刺赵襄子的衣服，赵襄子责备他不为中行氏而死，却单单为智伯而死的时候，豫让回答说："中行氏像对待一般人那样对待我，所以我就像一般人那样去报答他；智伯像对待国士那样对待我，所以我就要像国士那样报答他。"就此而论，豫让就有不足之处了。

段规侍奉韩康子，任章侍奉魏献子，并没有听说主公待他们如同国士，可是段规、任章却尽力劝说他们的主公顺从智伯的无理要求，割土地给智伯，让他志气骄纵，从而使他更快地灭亡。郄疵侍奉智伯，智伯也没有待他如同国士，可是郄疵却能洞察韩、魏两家的企图来劝谏智伯。虽然智伯没有采纳他的意见以至于灭亡，但是郄疵的智谋忠告，已经是无愧于心了。豫让既然自以为智伯待他如同国士了，可是，所谓国士，是济国安邦的人才。当智伯对土地贪得无厌之时，放纵私欲、荒淫暴虐之时，作为豫让，正应竭力恪守职责，恳切地劝谏智伯说："诸侯大夫应各自安心守着自己分封的土地，不要互相侵占掠夺，这是自古以来的规矩。如今，无缘无故地向人家索取土地，人家不给，我就要产生忿恨之心；人家给了，我就产生骄横之心。忿恨必然会争斗，争斗必然会失败；骄横必然会傲慢，傲慢必然会灭亡。”应该非常诚恳地劝谏，一次不听，就再次劝谏，第二次劝谏不听，就第三次劝谏，多少次劝谏还不听从，在这个时候再安排伏剑自杀的行动。这样一来，智伯虽然顽固愚昧，但被至诚之心打动，也许会重新醒悟，与韩、魏两家讲和，解除对赵的围困，保全智氏的宗族，使他们能香火不断、延续不绝。假如能够这样，豫让即使死了也像活着一样，难道不比刀斩赵襄子的衣服然后自杀强得多吗？在当时，豫让甚至连一句开导主公、启发主公醒悟的话都没说，看着智伯的危亡，就像越人远远地看秦人的肥瘦一样。袖手旁观，坐等成败，国士对君主的报答竟然像这样吗？直到智伯死了，豫让才压抑不住愤怒的血气，甘心情愿地加入刺客的行列，这有什么值得称道的呢？有什么值得称道的呢？

即便如此，只是用国士的标准来评价豫让，豫让的确是不配的。可是与那些早晨还是仇敌、晚上就成了君臣、厚着脸皮自以为得意的人相比，他们都算得上是罪人了。唉！

【今评】

这是方孝孺的一篇史论。作为士人君子应该如何立身事主？历史上，人们一向将豫让视为忠烈之士，但是方孝孺的评判标准有所不同。他认为，真正的忠臣烈士应该具有政治远见，以国家的利益为重，敢于犯颜直谏，防患未然，而不应计较个人恩怨。豫让有忠心，并且甘愿为主牺牲生命，但是未能全心尽忠，不能称为国士。

方孝孺认为，豫让的刺杀动机是“愧天下后世之为人臣而怀二心者”，并没有从天下大局着想，而只是注重个人的名声，考虑的是自身的功绩，忽略了百姓的存亡。这样的内心世界是狭隘的，这种思想指导下的刺杀行动也没有多少实际意义，更多的只是仪式感。而且，与其他谋士、义士相比，豫让也并不显得有多高明，他的刺杀行动于国事无补，自身也没有尽到臣子的本分，简直就像是一场没有实际用途的表演。当然，方孝孺并没有全盘否定豫让。文章末尾作者将豫让与那些“朝为仇敌、暮为君臣”的人相比较，给予了称赞。

唐代胡曾有诗《豫让桥》云：“豫让酬恩岁已深，高名不朽到如今。年年桥上行人过，谁有当时国士心。”这首诗也代表了历代对豫让评价的主要倾向。人们习惯于从对君主之

“忠”、对复仇之“义”这个层面赞赏豫让，并且赋予深切的同情。方孝孺对豫让的评价，则是另一种倾向的代表。韩非子在《奸劫弑君》一文中就说过，如果说豫让是智伯的忠臣，那么，对上，豫让不能说服君主制定并推行公正明白的法令制度和措施，用来避免战乱和祸患；对下，他不能统率百姓建立安定的社会秩序。直到赵襄子杀了智伯，豫让才毁了容貌表示要为智伯报仇，这样做，徒有自残为君主报仇的名声，对智伯本人、对整个大局并没有一丝一毫的好处。韩非子说，这正是我不愿意过高赞誉豫让的原因。方孝孺的观点正好与韩非子的说法相类似。对于前人过分抬高豫让的评价，方孝孺虽作了反驳，但也肯定豫让的勇气和义气，因此，本文总体上显得比较客观。

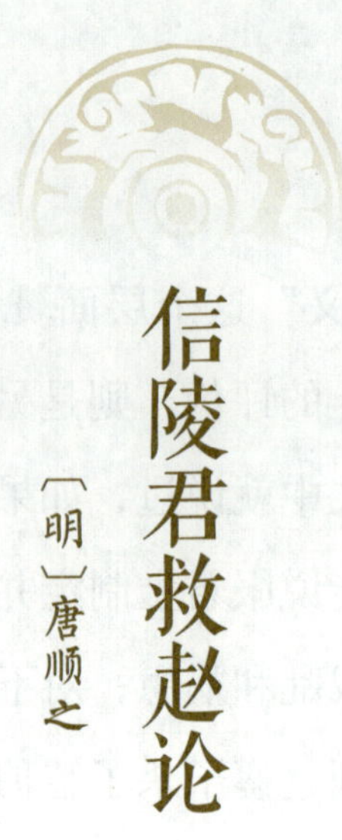

信陵君救赵论

〔明〕唐顺之

【作者简介】

唐顺之（1507—1560年），字应德，号荆川。江苏武进（今属常州）人。明代儒学大师、文学家。嘉靖八年（1529年）会试第一，后官居翰林编修，调兵部主事。唐顺之正直不阿，廉洁自持，因不同于流俗而多遭排斥。当时倭寇屡犯沿海，唐顺之以兵部郎中督师浙江，曾亲率兵船于崇明破倭寇于海上。后调任右佥都御史、凤阳巡抚。嘉靖三十九年（1560年），督师抗倭途中不幸染病，乘舟巡视通州（今江苏南通）途中去世。崇祯时追谥襄文。学者称其为“荆川先生”。文学上，主张效法唐宋古文，是明中后期唐宋派的代表人物。

【文中人物介绍】

信陵君，即魏无忌，魏昭王之子，魏安釐之弟。战国时期享有重名的“四公子”之一。信陵君与齐国孟尝君、赵国平原君、楚国春申君三位公子一样，因为拥有自己的封地，享有一定的政治经济特权，作为君主之外最有财富和权力的人物，广泛招揽天下士人。他为人仁厚，对士人谦恭有礼，有门客三千多人。当时魏国的国势虽然已经削弱，但是由于信陵君与门客的缘故，各诸侯国十多年没有进攻魏国，可见信陵君在治理国家事务方面发挥了不可低估的作用。《史记·魏公子列传》记载了信陵君窃符救赵之事。公元前257年，秦攻赵，赵求救于魏，魏安釐王派晋鄙救赵，但又惧怕秦国，按兵不动。信陵君听从侯生之计，通过魏王宠姬窃得兵符，杀晋鄙，与赵国合兵击退秦国。

【题解】

唐顺之生活在明朝正德、嘉靖年间，当时“有重相而无威君，有私仇而无义愤”，君主大权旁落，宦官、奸臣交替把持朝政，作者痛心疾首，在文中借题发挥，宣泄自己的愤怒。

本文从国家利益出发，指斥信陵君“窃符救赵”的本心是出于私人情义，没有尊重王权，也没有考虑到作为臣子的本分。文章最后强调，要警惕臣子的结党营私，更要警惕君王在不知不觉中失去权威。

【原文】

论者以窃符[①]为信陵君之罪，余以为此未足以罪信陵也。夫强秦之暴亟矣，今悉兵以临赵，赵必亡。赵，魏之障也。赵亡，则魏且为之后。赵、魏，又楚、燕、齐诸国之障也，赵、魏亡，则楚、燕、齐诸国为之后。天下之势，未有岌岌于此者也。故救赵者，亦以救魏；救一国者，亦以救六国也。窃魏之符以纾魏之患，借一国之师以分六国之灾，夫奚不可者？

然则信陵果无罪乎？曰：又不然也。余所诛者，信陵君之心也。

信陵一公子耳，魏固有王也。赵不请救于王，而谆谆焉请救于信陵，是赵知有信陵，不知有王也。平原君[②]以婚姻激信陵，而信陵亦自以婚姻之故，欲急救赵，是信陵知有婚姻，不知有王也。其窃符也，非为魏也，非为六国也，为赵焉耳；非为赵也，为一平原君耳。使祸不在赵，而在他国，则虽撤魏之障，撤六国之障，信陵亦必不救。使赵无平原，或平原而非信陵之姻戚，虽赵亡，信陵亦必不救。则是赵王与社稷之轻重，不能当一平原公子，而魏之兵甲所恃以固其社稷者，只以供信陵君一姻戚之用。幸而战胜，可也，不幸战不胜，为虏于秦，是倾魏国数百年社稷以殉姻戚，吾不知信陵何以谢魏王也。

夫窃符之计，盖出于侯生[③]，而如姬[④]成之也。侯生教公子以窃符，如姬为公子窃符于王之卧内，是二人亦知有信陵，不知有王也。余以为信陵之自为计，曷若以唇齿之势激谏于王，不听，则以其欲死秦师者而死于魏王之前，王必悟矣。侯生为信陵计，曷若见魏王而说之救赵，不听，则以其欲死信陵君者而死于魏王之前，王亦必悟矣。如姬有意于报信陵，曷若乘王之隙而日夜劝之救，不听，则以其欲为公子死者而死于魏王之前，王亦必悟矣。如此，则信陵君不负魏，亦不负赵；二人不负王，亦不负信陵君。何为计不出此？信陵知有婚姻之赵，不知有王。内则幸姬，外则邻国，贱则夷门野人，又皆知有公子，不知有王。则是魏仅有一孤王耳。

呜呼！自世之衰，人皆习于背公死党之行而忘守节奉公之道，有重相而无威君，有私仇而无义愤，如秦人知有穰侯[⑤]，不知有秦王，虞卿[⑥]知有布衣之交，不知有赵王，盖君若赘旒久矣。由此言之，信陵之罪，固不专系乎符之窃不窃也。其为魏也，为六国也，纵窃符犹可。其为赵也，为一亲戚也，纵求符于王，而公然得之，亦罪也。

虽然，魏王亦不得无罪也。兵符藏于卧内，信陵亦安得窃之？信陵不忌魏王，而径请之如姬，其素窥魏王之疏也；如姬不忌魏王，而敢于窃符，其素恃魏王之宠也。木朽而蛀生之矣。古者人君持权于上，而内外莫敢不肃。则信陵安得树私交于赵？赵安得私请救于信陵？如姬安得衔信陵之恩？信陵安得卖恩于如姬？履霜之渐，岂一朝一夕也哉！由此言之，不特众人不知有王，王亦自为赘旒也。

故信陵君可以为人臣植党之戒，魏王可以为人君失权之戒。《春秋》书葬原仲、翚帅师[⑦]。嗟夫！圣人之为虑深矣！

【注释】

① 窃符：即信陵君窃取兵符以救赵国之事。兵符，古代调动军队的凭证。其形如虎，故又称虎符。

② 平原君：赵胜，战国时赵惠文王之弟，曾任赵相，为战国四公子之一。信陵君的姐夫。当秦兵围赵时，平原君曾多次派使者向信陵君求救。

③ 侯生：侯嬴，曾在魏国国都夷门当守门人。后为信陵君的门客。当平原君向信陵君求救时，侯嬴向信陵君提出窃符之计。

④ 如姬：魏安釐王的宠妃。如姬年少时，父亲被杀，后来信陵君派门客斩了如姬的杀父仇人，如姬对信陵君深为感激。

⑤ 穰侯：魏冉，秦昭襄王的舅父，曾任秦国将军、相国，握有秦国军政大权。

⑥ 虞卿：战国时游说之士，赵孝成王时任赵相。他和魏国的魏齐曾为早年间的好友，其后魏齐遇难出奔，他为了帮助魏齐脱险，竟弃官与之一起逃走。

⑦ 葬原仲：原仲为陈国大夫。原仲死后，旧友鲁国公子季友私自去陈国安葬了他。孔子认为这是结党营私的表现。翚帅师：翚，为鲁国大夫羽父。鲁隐公时，宋、陈等国进攻郑国，也让鲁国出兵，鲁隐公不同意，翚执意请求，未得允许便帅师而去。孔子认为这是目无君主的表现。

【译文】

评论者把窃取兵符这件事当成信陵君的罪过，我认为仅凭这一点不足以怪罪信陵君。那时强大的秦国暴虐到了极点，如今集结所有的兵力进攻赵国，赵国肯定会灭亡。赵国是魏国的屏障，赵国灭亡了，那么接下来灭亡的就是魏国。赵国和魏国，又是楚、燕、齐各国的屏障，赵国和魏国灭亡了，那么接下来灭亡的就是楚、燕、齐各国。天下的形势，再没有比这更危险的了。因此，挽救赵国，也就是挽救魏国；挽救这一国，也就是挽救六国啊。盗窃魏国的兵符来解脱魏国的祸患，借用一国的军队来分担六国的灾难，这有什么不可以的？

那么信陵君真的没有罪过吗？我的回答是：这话又不对了。我所谴责的，是信陵君的本心 。

信陵君不过是一个王室公子罢了，魏国自有君王。赵国不向魏王求救，而恳切地求救于信陵君，这说明赵国只知道有信陵君，不知道有魏王。平原君用姻亲情分对信陵君激将，而信陵君自己也是因为姻亲的缘故，想赶紧救援赵国，这说明信陵君只知道有姻亲，不知道有君王。他窃取兵符，不是为了魏国，不是为了六国，只是为了赵国而已；也不是为了赵国，只是为了一个平原君罢了。假如祸患不在赵国，而在其他国家，那么即使撤了魏国的屏障，撤了六国的屏障，信陵君也必定不会去救援。假如赵国没有平原君，或者平原君不是信陵君的姻亲，那么即使赵国灭亡了，信陵君也必定不会去救援。这就是说，赵王及其国家的轻重，比不上平原君一个公子，而魏国的军备原本是用来保卫国家的，如今却只拿来供信陵君的一个姻亲使用。运气好打赢了，那还行；如果运气不好打不赢，做了秦国的俘虏，就是倾覆魏国几百年的江山社稷为自己的姻亲殉葬，我不知道信陵君该如何向魏王谢罪。

盗窃兵符的计策，出自侯生，而由如姬来完成。侯生教信陵君盗窃兵符，如姬为信陵君从魏王卧室里盗窃兵符，这两个人也只知道有信陵君，而不知道有魏王。我认为信陵君为自己打算，不如用赵、魏两国唇齿相依的形势，慷慨陈词劝谏魏王，如果魏王不听，就用他准备与秦军拼命而死的决心，死在魏王面前，魏王一定会醒悟的。侯生为信陵君打算，不如觐见魏王劝说他救赵国，如果魏王不听，就用他准备为信陵君而死的决心，死在魏王面前，魏王也必定会醒悟的。如姬有意报答信陵君，不如趁魏王空闲时日夜劝说他救赵国，如果魏王不听，就用她准备为信陵君而死的决心，死在魏王面前，魏王也必定会醒悟的。这样做，信陵君就不会辜负魏国，也不会辜负赵国；侯生、如姬二人就不会辜负魏王，也不会辜负信陵君。为什么不提出这种计策呢？信陵君心中只知道有作为姻亲的赵国，不知道有魏王。内部的宠妾，外部的邻国，地位卑下的夷门看门人，又都是心中只知道有信陵君，不知道有魏王。这么说来，魏国只有一个孤立的君王罢了。

唉！自从世道衰落以来，人们都习惯于背离公道而为私党卖命的行为，却忘掉了坚守节义而奉行公事的道理。于是只有威势赫赫的宰相而没有至尊权威的君王，只有个人的仇恨而没有正义的公愤。就像秦国人只知道有穰侯魏冉，而不知道有秦王；虞卿只知道有贫贱时的老朋友，而不知道有赵王。君王就像多余之物一样已经很久了。由此说来，信陵君的罪过，并不在于是否盗窃兵符。若是为了魏国，为了六国，纵然是盗窃兵符，也是可以的；若只是为了赵国，为了一个姻亲，纵然向魏王求取兵符，并且正当地得到了它，也是有罪过的。

即便如此，魏王也不是没有罪过的。兵符既然藏在卧室里，信陵君怎么能偷得到呢？信陵君不顾忌魏王，居然直接请托如姬，这是因为他平日已经注意到魏王的疏忽了；如姬不顾忌魏王，而敢于盗窃兵符，这是因为她素来倚仗着魏王的宠爱。木头枯朽了，然后蛀虫就生出来了。

古代的君王手握重权，宫廷内外没有人不恭敬，信陵君怎么能与赵国建立私交呢？赵国怎么能私下向信陵君求救呢？如姬怎么能对信陵君感恩戴德呢？信陵君怎么能利用自己对如姬有恩而要求她帮忙呢？踩到了路上的寒霜，就知道严冬的到来，怎么能说一朝一夕突然发生的呢？由此说来，不只是众人不知道有魏王，连魏王自己也把自己当作多余的摆设了。

因此，信陵君可以作为人臣结党营私的鉴戒，魏王可以作为人君失去权力的鉴戒。从《春秋》记载了季友私葬原仲、公子翚强迫隐公出师两件事来看，唉！圣人考虑问题是多么深远啊！

【今评】

信陵君窃符救赵的故事，为人们熟知而称道，作者却提出异议。作者开篇就说，他所要批判的，是信陵君的本心。

司马迁在《史记·魏公子列传》中，赞美信陵君贤能重义、为人宽厚、礼贤下士，从此之后，历代都不乏对信陵君的赞美。唐顺之则认为，信陵君窃符，是目无君主，是出于个人和亲戚的私利，而不是为了国家利益。他指出，信陵君作为臣子，拥权自重，结党营私，目无君主，这是有罪的；而魏王作为人君，君权不明，君威不振，任凭臣子僭越，这是很危险的。作者在文章末尾再次强调，他希望看到的，是君臣恪守君臣之礼，各司其职，各尽所能；他鲜明的政治主张，是反对人臣结党营私，渴望加强君主权力。唐顺之写作本文时，明朝国势日下。文章对史实的分析，实际上在指斥当时的政事，是对明代大臣专政擅权、君主失权不威的黑暗政治局面的揭露和批判。

蔺相如完璧归赵论

〔明〕王世贞

【作者简介】

王世贞（1526—1590 年），字元美，号凤州，又号弇州山人，江苏太仓人。嘉靖间进士，官至南京刑部尚书。明代文学家、史学家。作为史学家，王世贞重实据、重考证，将事理、情理作为撰史的重要标准。明朝官修史学呈现衰退迹象，但是王世贞所代表的私修史书的兴起，使得明代史学没有被湮没，还对后代史学研究产生了深远的影响。作为文学家，王世贞是明朝“后七子”之一，主张复古，著有《弇州山人四部稿》《弇州山人续稿》，他在作品中表现出驾驭不同体裁作品的才能，奠定了卓越的文学地位，足以成为后世的典范。

【文中人物介绍】

蔺相如，战国时赵国大臣。成就他的名声、历来为人称道的三个最重要的事件是：完璧归赵、渑池之会、负荆请罪。赵惠文王时，秦昭王觊觎赵国的和氏璧，声称愿以十五个城池换取。蔺相如奉命带和氏璧来到秦国，看出秦昭王并没有以城相换的诚意，于是据理力争，机智周旋，终于完璧归赵。秦王与赵王相会于渑池（今河南渑池西），他随侍赵惠文王，当面斥责强秦，最终使赵王免于屈辱，不辱国体。因为这两件事，蔺相如被赵王任为上卿，官居赵国名将廉颇之上。廉颇居功自傲，扬言要羞辱蔺相如。为了将相和睦，不使外敌有隙可乘，蔺相如始终回避忍让，终于感动了廉颇，廉颇亲自到蔺相如府上负荆请罪，二人成为刎颈之交。

【题解】

作为明代著名的史学家，王世贞对历史事件的评价不盲从古人，常常见前人所未见，发前人所未发，往往追根究底，诘问本原。关于作文，清代桐城派名家方宗诚曾说："文之事本一，而其用三：曰晰理，曰纪事，曰抒情，是三者，文之大用也。”本文完整体现了这一文学理念，作者对经典的历史故事做了翻案文章，分析事理清晰而沉稳，记事简洁而完整，情感热烈而镇定。

本文作者针对蔺相如完璧归赵这个历史故事发表了不同的看法，感叹有之，批评更为尖锐，引导读者重新审视这个经典故事背后的合理性。作者着眼于形势大局，从秦赵两国利害关系入手，指摘蔺相如的缺欠和失策，指出完璧归赵后，蔺相如得以保全自身、赵国得以免祸，实属侥幸。分析入情入理，成就了一家之言。

【原文】

蔺相如之完璧[①]，人皆称之。予未敢以为信也。

夫秦以十五城之空名，诈赵而胁其璧。是时言取璧者，情也，非欲以窥赵也。赵得其情则弗予，不得其情则予；得其情而畏之则予，得其情而弗畏之则弗予。此两言决耳，奈之何既畏而复挑其怒也？

且夫秦欲璧，赵弗予璧，两无所曲直也。入璧而秦弗予城，曲在秦；秦出城而璧归，曲在赵。欲使曲在秦，则莫如弃璧；畏弃璧，则莫如弗予。夫秦王既按图以予城，又设九宾，斋而受璧，其势不得不予城。璧入而城弗予，相如则前请曰：“臣固知大王之弗予城也。夫璧非赵璧乎？而十五城秦宝也。今使大王以璧故，而亡其十五城，十五城之子弟皆厚怨大王以弃我如草芥也。大王弗予城而绐赵璧，以一璧故，而失信于天下，臣请就死于国，以明大王之失信。”秦王未必不返璧也。今奈何使舍人怀而逃之，而归直于秦？是时秦意未欲与赵绝耳。令秦王怒而僇相如于市，武安君②十万众压邯郸，而责璧与信，一胜而相如族，再胜而璧终入秦矣。吾故曰：蔺相如之获全于璧也，天也。若其劲渑池③，柔廉颇④，则愈出而愈妙于用。所以能完赵者，天固曲全之哉！

【注释】

① 完璧：蔺相如完璧归赵事见《史记·廉颇蔺相如列传》。

② 武安君：秦国大将白起。他辅佐秦昭王，屡立战功。

③ 劲渑池：秦昭襄王约赵惠文王在渑池会盟。宴会上秦王请赵王鼓瑟以辱赵王。随行的蔺相如以自杀相威胁，请秦王为赵王击缶。最终使得秦王未占上风。

④ 柔廉颇：蔺相如因立功，拜为上卿，位在赵国名将廉颇之上。

廉颇不服，打算侮辱他。蔺相如多次避让。廉颇受到感动，负荆请罪，廉、蔺遂成刎颈之交。

【译文】

蔺相如完璧归赵，人人都称赞他，我却不敢苟同。

秦国用十五座城的空名，欺骗赵国，胁迫赵国献出和氏璧。这时说秦国要骗取和氏璧，是实情，但不是想要借此窥视赵国。赵国能看穿秦国骗璧诡计就不给，看不穿就给；看穿了而害怕秦国就给，看穿了而不害怕秦国就不给。这件事两句话就解决了，为什么既害怕秦国却又去激怒秦国呢？

况且，秦国想得到这块璧，赵国不给，双方本来没有什么对与错。赵国交出璧而秦国不给城池，则秦国理亏；秦国交出城池，而赵国却拿回璧，则赵国理亏。如果想使秦国理亏，就不如放弃璧；如果害怕丢掉璧，就不如不给。秦王既然答应按照地图给城池，又设九宾的隆重礼仪，斋戒之后才来接受璧，那种形势下，是不得不给城池的。如果秦王接受了璧而不给城池，那么蔺相如就可以质问他："小臣我本来就知道大王是不会给城池的。这块璧不是赵国的宝物吗？而那十五座城池也是秦国的宝物。现在假如大王因为一块璧的缘故而抛弃了十五座城池，那十五座城中的百姓都会深深怨恨大王，说大王把他们像小草一样抛弃了。大王不给城池而骗走了赵国的璧，因为一块璧的缘故，在天下人面前失去信用，小臣我请求死在您面前，让天下人都知道大王的失信！”这样，秦王未必不会归还璧。当时蔺相如怎么能派手下怀揣着璧逃走而把秦国置于有理的一方呢？那时秦国并不想与赵国断绝关系。假如秦王发怒，把蔺相如拉到集市上处死，派武安君率领十万大军进逼赵国都城邯郸，追问璧的下落，责问赵国为何失信，秦兵一次获胜就可将蔺相如灭族，再次获胜则和氏璧最终还是会落到秦国手里。因此我认为，蔺相如能保全这块璧，那是天意啊。至于他在渑池会上以强硬的态度对待秦国，在国内以谦和的姿态对待廉颇，那是策略越来越高明。所以说，赵国之所以能得以保全，的确是上天在偏袒它啊！

【今评】

蔺相如完璧归赵的故事，历来为人津津乐道，后人多称赞蔺相如的大智大勇，嘲笑秦王的言而无信。王世贞却翻奇出新，认为蔺相如的决策是错误的，最后之所以化险为夷而保全和氏璧，纯粹是天意，是运气好。当然，此论值得商榷，但作者的质疑精神值得赞赏。

文章一开头，作者就旗帜鲜明表达了与众不同的看法，从秦、赵两国的时势分析并得出结论，认为这个事件最终结局的根本原因其实是秦国不想与赵国为敌，蔺相如才得以完璧归赵。文章从三个方面否定了蔺相如的做法。第一，秦国的真实意图是以口头答应十五座城池交换的空头支票骗取和氏璧，可是蔺相如既然害怕秦国，却又挑起秦国的怒气，这是不明智。第二，在秦赵两国没有谁对谁错的情况下，蔺相如却让人悄悄揣着和氏璧逃走，把赵国置于失信一方，这是不诚信。第三，如果秦国较真起来，则将是赵国被灭亡，蔺相如被灭族，这是不合算。文章层层推进，逼出了结论“蔺相如之获全于璧也，天也”。文章的结尾，作者认为，蔺相如所谓的有勇有谋，不是为了赵国，而是为了自己。他的言语行为，只不过是纵横家的权谋技巧而已。秦国当时的本意只是想要得到和氏璧，而没有打算以此为借口进攻赵国。作者从一开始就把注意力集中在和氏璧事件的本质方面，而不去纠缠其中令人眼花缭乱的具体情节，根据史实得出了使人信服的论断。作者批评的是蔺相如“既畏而复挑其怒”的自相矛盾的做法，他做的事完全有可能招致“武安君十万众压邯郸”，这是不足取法的。尽管没有产生恶果，也只是事出侥幸。全文篇幅简要，语言精当，语意精辟。作为翻案文章，作者的识见高远，引人思考。

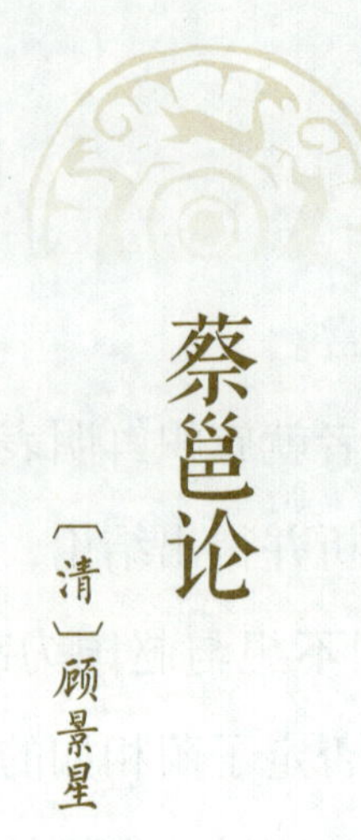

蔡邕论

〔清〕顾景星

【作者简介】

顾景星（1621—1687 年），字赤方，号黄公，蕲州（今湖北蕲春县蕲州镇）人。明末贡生，南明弘光朝时考授推官。入清后屡征不仕。康熙时荐举博学鸿词，以病辞。顾景星一生坎坷，经历丰富，专心著书立说，成为当时最负盛名的文学家之一。生平著述宏丰，著有《来耕集》《南渡集》《黄公说字》《白茅堂集》等，共有 430 卷之多。

【文中人物介绍】

蔡邕（133—192年），字伯喈，东汉名臣、学者。他精通经学，又是文学家、书法家，还精通音律。因官至左中郎将，世称“蔡中郎”。熹平四年（175年）担任议郎期间，与几位儒者一起奏请正定六经并亲自书写碑文，石碑立于洛阳太学门外，这就是享有盛名的“熹平石经”。

蔡邕年轻时曾经“闲居玩古，不交当世”，长期隐居不仕，后被征辟任职。在议郎任上，因上书议论朝政，遭到诬陷，被流放朔方郡。遇赦后，为避灾祸，亡命江浙一带十二年之久。后董卓强征蔡邕出仕，颇受赏识，初任祭酒，旋即历任侍御史、治书侍御史、尚书，史传称其“三日之间，周历三台”。

董卓被诛后，蔡邕在司徒王允面前，无意间谈起董卓并为之叹息，脸色大变。王允大怒，将蔡邕收押交付廷尉治罪。尽管蔡邕上书陈辞请求“黥首刖足”以完成史书，士大夫们同情他、想救他，但无济于事。最终蔡邕死于狱中。

【题解】

本文核心论点是蔡邕攀附奸臣董卓，投靠国贼，成为叛逆，是他一生中一大污点，不论他的学识才华如何，其罪行都不可饶恕。文章对蔡邕的评价，是出于顾景星本人的忠孝节义观。

【原文】

王允既诛董卓[①]，蔡邕动色悲叹，允勃然叱之曰："董卓国之人贼，几倾汉室。邕为王臣，所宜同忿，而怀其私义，以忘大节。天诛有罪，反相痛伤，岂不共为逆哉！"收付廷尉，人皆冤邕而罪允。以今观之，王允斯言，未为过也。

始邕直言为阉侍所中，囚徙朔方[②]，赭衣抱拳，全室流离，可谓难矣。及宥还畏祸，亡命吴会，十有二年，无意功名，而且以弹琴著书终老牖下矣。使邕如梅福[③]，长流江湖，岂不高哉？

董卓擅权，辟署祭酒，补御史，迁尚书，不三日而周历三台[④]。伊何为者？卓盖借邕致天下豪杰，不加望外之荣，无以市德。故举之髡钳之余，爵之卿贰之上。且邕有何功，遂封侯食五百户、禄五十万？夫无故之利，圣人恶之。邕初议卓不可受尚父[⑤]之称，而自出显位，何也？

今夫捕鸟者，择其黠者以为囮[⑥]，瞉米为饲，滤流而饮，凡所以慰囮，靡弗至也。筱而出于野，置之丛薄之间，悲呼众鸟，至日暮，翾然投于罗者众矣。夫囮，未始乐为是也，而鸣致众鸟，谓非囮罪不可也。邕，卓之囮也，邕未始乐为是也，而厚禄高位，将以风天下为邕之类者，而邕甘心受之，谓非邕罪不可。

桓帝召邕鼓琴，行次偃师，称疾而返。卓每宴集，邕辄赞事鼓琴。后遂为表荐卓，时卓已为太尉，封郿侯、进相国，废少帝、放太后，[⑦]倾逼人主。邕谓宜益隆委任，厚其爵赏，岂欲卓加九锡、封安汉[⑧]而已哉！然则邕死，不亦宜乎！

【注释】

① 王允：字子师，汉献帝时为司徒，与中郎将吕布密谋而诛杀董卓。董卓废杀汉少帝及何太后，拥立汉献帝即位，出任太师，选用蔡邕等人，专断朝政。

② 朔方：郡名。治所在今内蒙古自治区杭锦旗北。

③ 梅福：字子真。西汉末年，大司马王凤当权，朝政日非，民

怨四起。梅福以县尉之微官上书朝廷，指陈政事，并讽刺王凤，但被朝廷斥为“边部小吏，妄议朝政”，险遭杀身之祸。后挂冠而去，隐姓埋名，时人目为高士。

④ 三台：汉代对尚书（中台）、御史（宪台）、谒者（外台）的合称。

⑤ 尚父：周文王称吕望为尚父，意为可尊尚的父辈。董卓的门客也欲尊董卓为尚父，董卓向蔡邕征求意见，蔡邕认为不妥。

⑥ 囮：捕鸟时用来引诱同类鸟的鸟。又称作鸟媒。

⑦ 少帝，刘辩，灵帝子，被董卓所废，后被逼自尽。太后，灵帝何皇后，被董卓迁放于永安宫，后用毒药杀害。

⑧ 安汉：汉平帝时王莽的封号。王莽曾受九锡。九锡，即古代帝王赐给有大功或有权势的诸侯大臣的九种物品。

【译文】

王允诛杀了董卓，蔡邕闻讯脸色大变，悲痛叹息。王允勃然大怒，呵斥他道：“董卓是国家的大奸贼，几乎颠覆了汉王朝，你作为汉王的臣子，理应和我们一样愤恨他，可是你却心怀与他的私人情谊，忘却了国家大业。苍天诛杀有罪的叛贼，你反而感到痛心和悲伤，难道不是和叛逆一伙的吗！”于是把蔡邕抓起来交给掌刑狱的廷尉官，人们都认为蔡邕冤枉而责怪王允。现在看起来，王允讲的这些话并不过分。

从前，蔡邕因直言议论朝政，被宦官中伤陷害，作为囚犯流放到朔方郡，身穿红色囚服，双手被铐上枷锁，一家人流离失所，可以说是灾难啊。等到赦免释放后回来，担心再次遭受灾祸，改名换姓，逃亡在吴郡、会稽郡一带，十二年中，再没有心思求取功名，姑且弹琴著书打发日子，以为就这样终老了。假如蔡邕像梅福那样，长期隐居在江湖之上，岂不是很高尚吗？

董卓独揽大权的时候，征召蔡邕作祭酒，后来又做了御史，继而晋升为尚书，不到三天就经历了三个重要的权力机构。这是为什么呢？董卓只是借用蔡邕来招揽天下的杰出人才，如果不给蔡邕加上特殊的荣耀，就不能收买人心、显示董卓自己的恩德。所以，董卓在囚徒之中提拔了蔡邕，还给了他仅次于卿相的官位。再说蔡邕有什么功劳？还能又封侯、又有食邑五百户、还拿五十万钱的薪俸？无故得到的好处，圣人感到羞耻。蔡邕当初主张董卓不能接受尚父的称号，而他自己却占据这么显贵的位置，这是为什么呢？

如今捕捉鸟的人，他们选择那些最狡猾的鸟作为引诱其他鸟的鸟媒，给它们喂的是细米，喝的也是过滤了的水，凡是能让鸟媒觉得舒服的，没有不做到的。然后把装着鸟媒的笼子放在野外，安置在草丛中间，鸟媒用悲伤的声音呼唤其他的鸟，到天快黑的时候，翩翩飞来自投罗网的鸟不知有多少。这种诱鸟的鸟媒，一开始并不愿意这样做，但是把很多的鸟都招引来了，这就不能说不是它的罪过了。蔡邕就是董卓诱鸟的鸟媒。蔡邕也并不是一开始就愿意这样做，但丰厚的薪俸，显赫的地位，用来吸引天底下像蔡邕这样的人，而蔡邕也心甘情愿接受，这就不能说不是蔡邕的罪过了。

汉桓帝召见蔡邕去弹琴，蔡邕走到偃师，就自称有病返回了。可是董卓每次宴请集会，蔡邕总去弹琴助兴。后来他又上奏举荐董卓，当时董卓已经当上了太尉，加封郿侯，又晋升为相国，废黜了少帝，幽禁了太后，权倾天下，威逼皇帝。蔡邕却说应该对董卓更加委以重任，提高他的爵位、增加对他的俸禄，这岂不是想要董卓像王莽那样加封九锡、封安汉公才肯罢休吗？这样看来，那么蔡邕的死，不也是应该的吗？

【今评】

顾景星主张史论应该“有为而作”，他坚持“有为而作文，作须有用”。关于蔡邕之死，有人认为王允太过分，蔡邕死得太冤。而顾景星认为，人们是从感情出发而不是从历史事实出发才这么认为的，“论者，古人因时对症，有为而作。所谓借他酒杯，自浇垒块，实与过去白骨无干”。按照这样的逻辑，王允斥责蔡邕：“怀其私义，以忘大节”，“反相痛伤，岂不共为逆哉！”这话说得不过分。在顾景星看来，如果蔡邕像梅福一样，宁可困穷，也不附就董卓，他的历史肯定是另一篇章，可是偏偏就做了捕鸟人手中的囮子。据史料记载，蔡邕被杀的消息传出，当时的缙绅士大夫无不流泪，经学大师郑玄叹息说：“汉世之事，谁与正之？”蔡邕有大批的同情者。可是顾景星的同宗顾炎武也对蔡邕痛加贬责，他认为，蔡邕事董，没有操守；蔡邕哀董，没有见识。

在董卓与衰微的汉廷之间，蔡邕为了自己和家人的生命，选择了忍辱出仕。事实上董卓当时废帝杀后，但没有自立国号，名义上仍然尊汉，蔡邕事董，名义上还是事汉，蔡邕的选择，是士人在强权专制之下的无奈妥协。蔡邕被迫事董，也受到董卓厚待，但是他并不阿谀奉承董卓，倒是常常直言劝谏，希望董卓能做有益于社稷的事。

蔡邕一生，几乎一直在纠结着、矛盾着。他被赞誉“经学深奥”却并未集成大典成为一代宗师；他明白祸福相倚却在惨烈的党锢之祸后无奈出仕；他寻求生命的支撑却一头撞上了滴血的利刃……蔡邕有学问、有才华，但是不具备政治才能、政治智慧，他身处权力中心却缺乏应有的政治权谋。一个内心世界极为丰富、政治上却极为单纯的书生跻身于残酷的政界，成了汉末政治斗争的牺牲品。他的悲剧，从自身原因看，是缺乏坚定的人生目标，再加上自知之明不足。因此，顾景星之论，值得再读。

留侯论

〔清〕魏禧

【作者简介】

魏禧（1624—1681 年），字叔子，一字冰叔，号裕斋，又号勺庭，江西宁都人。明末诸生，入清朝后拒不入仕，举家隐居在故乡翠微峰。四十岁始游历大江南北，所结交的都是明朝遗民，晚年时开始与清朝官吏交往。在清初文坛上很有地位，与兄魏际端、弟魏礼，均有文名，时称“宁都三魏”；又和侯方域、汪琬齐名，号“国初三家”。散文长于见识和议论，风格多样。有《魏叔子文集》。

【文中人物介绍】

张良（？—前186年），字子房，秦末汉初谋臣，西汉开国功臣。与韩信、萧何并称为“汉初三杰”。张良先辈在韩国任五代韩王之国相。张良年轻时血气方刚、豪侠仗义，韩国被秦国所灭，张良连其弟去世都没有办葬礼，而是将全部家财用来招募刺客行刺秦王嬴政，为韩国报仇。张良追随刘邦以后，处处表现出其政治远见和高超谋略，如设计击败秦军，劝谏刘邦撤出秦宫，争取黥布、彭越，笼络韩信，进而灭楚等。在鸿门宴上，张良力劝刘邦卑辞言和，保存实力，并疏通项羽季父项伯，使刘邦顺利脱身。他凭借智谋，协助刘邦赢得楚汉战争、建立汉王朝，帮助吕后之子刘盈成为皇太子，被册封为留侯。张良城府极深，明哲保身，不恋权位，晚年随赤松子云游四海。汉高后二年（前186年）去世，谥号文成。汉高祖刘邦曾评价说：“夫运筹策帷帐之中，决胜于千里之外，吾不如子房。”

【题解】

魏禧好读书、勤思考，在改朝换代的动乱岁月里专心著文立说，写作勤奋，擅长各种文体，尤其是史论和传记。魏禧在写作本文时似乎已不再纠结天下本该是归属明还是清，他拥戴和支持能救天下生民于水火的，歌颂和赞美有利于百姓的。本篇表达的思想是：忠臣以复兴为务，仁人以救民为重，张良则是忠臣仁人兼而有之，前论多以评价普通人的标准去分析张良，而没有认识到张良的价值是“天生子房以为天下也”。

【原文】

客问魏子曰：“或曰：‘子房弟死不葬，以求报韩。’既击始皇博浪沙[①]中，终辅汉灭秦，似矣。韩王成[②]既杀，郦生[③]说汉立六国后，而子房沮之，何也？故以为子房忠韩者，非也。”

魏子曰：“噫，是乌足知子房哉！人有力能为人报父仇者，其子父事之，而助之以灭其仇，岂得为非孝子哉？子房知韩不能以必兴也，则报韩之仇而已矣。天下之能报韩仇者，莫如汉，汉既灭秦，而羽杀韩王，是子房之仇，昔在秦而今又在楚也。六国立则汉不兴，汉不兴则楚不灭，楚不灭则六国终灭于楚。夫立六国，损于汉，无益于韩。不立六国，则汉可兴，楚可灭，而韩之仇以报。故子房之志决矣。子房之说项梁立横阳君也，意固亦欲得韩之主而事之，然韩卒以夷灭。韩之为国与汉之为天下，子房辨之明矣。范增[④]以沛公有天子气，劝羽急击之，非不忠于所事，而人或笑以为愚。且夫天下公器非一人一姓之私也，天为民而立君，故能救生民于水火，则天以为子，而天下戴之以为父。子房欲遂其报韩之志，而得能定天下祸乱之君，故汉必不可以不辅。夫孟子，学孔子者也，孔子尊周，而孟子游说列国，惓惓于齐梁之君，教之以王。夫孟子岂不欲周之子孙王天下而朝诸侯？周卒不能。而天下之生民，不可以不救。天生子房以为天下也，顾欲责子房以匹夫之谅、为范增之所为乎？亦已过矣！”

【注释】

① 博浪沙：地名，今河南省原阳县东南。秦始皇东游，张良和刺客埋伏在博浪沙，用大铁锤击始皇，误中副车。秦始皇大怒，搜捕十日，但没有捉住张良。

② 韩王成：即韩成，韩国宗室，人称横阳君。张良曾经游说项梁立横阳君为韩王，项梁依从，后为项羽所杀。

③ 郦生：郦食其，刘邦的策士。曾向刘邦献策分封土地给六国后代并授予王印。张良得知刘邦已同意郦生的建议，予以劝阻。刘邦大骂郦生，乃止。

④ 范增：项羽的谋臣，被尊为亚父，他屡次劝项羽杀刘邦，项羽不听，后郁愤病死。

【译文】

有位朋友问我说：“有人说张良弟弟死了都不安葬，是为了替韩国复仇。张良在博浪沙袭击秦始皇，最终辅佐汉朝灭掉秦朝，像是为韩国报仇。但是韩王成被杀后，郦食其劝说汉王刘邦立六国的后代为王，但张良却阻止他这样做，为什么呢？所以，我认为张良忠于韩国的说法，是不对的。”

我回答说：“唉，这哪里是懂得张良啊！假如有人具备能力替别人报杀父之仇，有父仇的人像对待父亲一样侍奉他，并且帮助他来消灭父亲仇人，难道能够说这个人不是孝子吗？张良知道韩国是不可能起死回生的，那么只能替韩国报仇罢了。而天下能够替韩国报仇的，没有谁比得上汉王。汉王消灭了秦朝，然而项羽又杀了韩王，可见张良的仇人，过去是秦朝，现在却是楚国了。六国重新立国，汉王就不能兴盛；汉不能兴盛，楚国就不会灭亡；楚国不灭亡，六国终究会被楚国消灭。那么，扶立六国的后代，有损于汉王，又无益于韩国。不立六国的后代，汉王可以兴盛，楚国可以消灭，而韩国的仇恨也可得报。所以张良下定决心这样做了。张良劝说项梁立韩国公子韩成为韩王，心中本来就是想拥有韩国的君主并侍奉他，然而韩国最终被灭亡了。韩国能否复兴和汉王能否统一天下，张良分辨得十分明白。范增认为刘邦有天子气象，劝项羽赶紧攻打他，这不是不忠于自己的主子，然而有的人却讥笑范增是愚蠢的。况且天下的政权、王位，不是一人一姓的私有物，上天为百姓确立君王，是能够从水深火热中拯救百姓的人，那么上天选定为天子，天下人就拥护他，把他看作父亲。张良想要实现为韩国报仇的心愿，而得到能够平定天下祸乱的国君，所以汉一定是不能不辅佐的。孟子是学习孔子的，孔子尊崇周王朝，然而孟子却到各个诸侯国游说，态度诚恳地对待齐国、梁国的君王，教他们成就王道的基业。孟子难道不想要周天子的子孙称王天下而使诸侯前来朝拜吗？但周朝的子孙最终做不到。然而天下的百姓，不能够不拯救。上天生下子房来拯救天下百姓，你却想用匹夫的忠诚守信来责备他，难道要让他做范增所做的事情吗？这也太错误了！”

【今评】

表面上看，魏禧的《留侯论》，回答了这样的问题：张良是韩国人，却做了汉朝的谋臣。张良辅佐刘邦，是不是忠于自己的国家？通过作者的层层论述，我们知道，张良忠韩毋庸置疑，为了有效复仇而效忠刘邦，这说明张良目光远大、有见识、有气魄，与此同时，张良也并非狭隘地曲线救韩，他深知“天下公器非一人一姓之私”“天下之生民不可以不救”，比单纯救韩更有意义的，是救天下之民。至此，魏禧实际上推倒了“子房忠韩”的匹夫之见。

张良是韩国人，本该为韩国报仇，可是他却先是投靠项羽，后来又做了刘邦的谋臣，看起来毫无忠贞之心。那么，张良仕汉到底是否忠韩？文章分两层论述，先论张良仕汉以报韩仇，再论张良仕汉以救天下之民。层层深入，最终推出“天下公器非一人一姓之私”“天下之生民不可以不救”的观点，是对张良最恰当的评价。

魏禧曾说过，作论有“三不必作”：前人已经说过的不必作；大众容易了解的不必作；捡拾无关紧要的小故事也不必作。作论还有“二不可”：追求文字的艰深尖刻，用来攻击前贤的短处却不能说中要害，这样的文章不可作；追求标新立异，喜欢推翻前人的定论却不合实际、违背常情，这样的文章不可作。本篇正体现了作者的写作原则，叙述平实，分析明晰透彻，气势踔厉风发，层层递进而入情入理，表现其长于见识和议论的写作特色。

论路温舒言缓刑*

〔清〕王夫之

【作者简介】

王夫之（1619—1692年），字而农，号姜斋，湖广衡阳人。明末清初思想家，与顾炎武、黄宗羲、唐甄并称明末清初四大启蒙思想家。晚年隐居湘西石船山，自号船山老农、船山遗老、船山病叟，因此人称"船山先生"。著有《周易外传》《黄书》《读通鉴论》《宋论》等。

青年王夫之立志匡正时弊，挽救明王朝，也曾满怀复国热忱，积极反清。失败后决意遁隐，在湘西石船山专心著

* 本文节选自王夫之《读通鉴论·汉宣帝》，题目为编者所加。

述。他生前为自己撰写的墓志铭曰："抱刘越石之孤愤而命无从致，希张横渠之正学而力不能企。幸全归于兹丘，固衔恤以永世。"彰显了他对明朝的矢志忠心。

【文中人物介绍】

路温舒，字长君，西汉大臣。初为狱吏，后被举为孝廉，任山邑县丞，汉昭帝时任廷尉。宣帝即位后，温舒上书建言当尚德缓刑，宣帝采纳其言，授广阳私府长，官至临淮太守。

郑昌，字次卿，精通政事和法律，敢于直言。汉宣帝时，曾任涿郡太守，官至谏议大夫。曾上疏建议删定律令。

汉宣帝，刘询（前 91—前 48 年），原名刘病已，字次卿，西汉第十位皇帝，汉武帝之曾孙。在位二十五年，励精图治，任贤使能，整顿吏治，开创了政治清明、社会稳定、民生富庶的盛世，史称"孝宣中兴"。

【题解】

顺治年间起，王夫之隐姓埋名，隐匿于山林之间，在极其艰苦的条件下潜心著述。《读通鉴论》是其晚年所作史论代表作，共30卷，大约成书于康熙二十六年（1687年），借引司马光《资治通鉴》所载史实系统评论自秦至五代的历史，分析历代兴亡，臧否人物，以求以古鉴今。汉宣帝即位之初，路温舒上奏建议减轻刑罚，汉宣帝也相应采取了一些措施。王夫之就此发表议论，指出放宽刑罚不如删定律令，应维护律法的权威性和稳定性，强调“律简则刑清，刑清则罪允，罪允则民知畏忌”。

【原文】

路温舒之言缓刑[①]，不如郑昌之言定律[②]也。宣帝下宽大之诏[③]，而言刑者益淆，上有以召之也。律令繁，而狱吏得所缘饰以文其滥，虽天子日清问之，而民固受罔以死。律之设也多门，于彼于此而皆可坐，意为重轻，贿为出入，坚执其一说而固不可夺。于是吏与有司争法，有司与廷尉争法，廷尉与天子争法，辨莫能折，威莫能制也。巧而强者持之，天子虽明，廷尉虽慎，卒无以胜一狱吏之奸，而脱无辜于阱。即令遣使岁省而钦恤之，抑惟大凶巨猾因缘请属以逃于法，于贫弱之冤民亡益也。唯如郑昌之说，斩然定律而不可移，则一人制之于上，而酷与贿之弊绝于四海，此昌之说所以为万世祥刑之经也。

夫法之立也有限，而人之犯也无方。以有限之法，尽无方之慝，是诚有所不能该矣。于是而律外有例，例外有奏准之令，皆求以尽无方之慝，而胜天下之残[④]。于是律之旁出也日增，而犹患其未备。夫先王以有限之法治无方之罪者，岂不审于此哉？以为国之蠹、民之贼、风俗之蜚蜮[⑤]，去其甚者，如此律焉足矣，即是可以已天下之乱矣。若意外无方之慝，世不恒有，苟不比于律，亦可姑俟其恶之已稔而后诛，固不忍取同生并育之民，逆亿揣度，刻画其不轨而豫谋操蹙也。律简则刑清，刑清则罪允，罪允则民知畏忌，如是焉足矣。

抑先王之将纳民于轨物而弭其无方之奸顽者，尤自有教化以先之，爱养以成之，而不专恃乎此。则虽欲详备之，而有所不用，非其智虑弗及而待后起之增益也。乃后之儒者，恶恶已甚，不审而流于申、韩[⑥]。无知之民，苟快泄一时之忿，称颂其擿发之神明，而不知其行自及也。呜呼！可悲矣夫！

【注释】

① 路温舒之言缓刑：宣帝刚即位时，路温舒上书，建议君王崇尚仁德、减轻刑罚。

② 郑昌之言定律：汉地节三年（前67年），汉宣帝设置廷尉平一职负责复核案件以维护审判公平公正。郑昌上书，建议删定律令，他认为删定繁复的律令比设置廷尉平更为根本。

③ 宣帝下宽大之诏：即地节三年汉宣帝下达的宽刑诏书。诏书中明确增设廷尉平一职，专门负责案件复核，纠察错判漏判和冤假错案。同时决定每年秋季由宣帝亲自对一年中的大案作最后判决。

④ 胜天下之残：意为遏制天下残暴之人，使之不再作恶。胜残，典出《论语·子路》，“善人为邦百年，亦可以胜残去杀矣”。

⑤ 蜚蜮：两种灾兽、害虫。蜚是见于《山海经》的凶兽，入水则水竭，入草则草枯，能使人间出现瘟疫；蜮是见于《诗经》的害人虫，相传能口含沙粒射人或射人的影子以使人致病。

⑥ 申、韩：即法家代表人物申不害和韩非。申不害，亦称申子，战国法家思想的创始人之一，曾在韩国担任丞相、主持变法。韩非，又称韩非子，法家思想之集大成者，总结商鞅、申不害和慎到的思想，形成以法为中心，法、术、势相结合的思想体系。

【译文】

路温舒上书汉宣帝请求宽法缓刑，不及郑昌主张删定律令高明。汉宣帝下达宽法缓刑的诏书，对于刑法律令的解释却越来越混乱了，这都是君王下达宽大诏书造成的。法律条令越烦琐，而执法的官吏就越能找到根据任意解释，即使天子每天都亲自清查，还是免不了有百姓因此而冤死。法律条文门类繁多，根据这一条或者根据那一条都可以定罪，定罪轻重完全看个人的想法，定不定罪由拿到了多少钱来决定，执法的官吏坚持使用一种法令，丝毫不肯更改。于是狱吏与主管官员争论，主管官员与廷尉争论，廷尉与天子争论，争来辩去，谁也说服不了谁，法律的威严根本得不到体现。巧言善辩的投机者掌握着执法权力，根据自己的意志强行裁决，即便是天子圣明，即便是廷尉谨慎，最终都敌不过一个狱吏使刁耍坏，无法把无辜的人从冤狱中解脱出来。即便是天子每年都派朝廷官员到地方审查冤狱，也会有一些老奸巨猾的罪犯，避重就轻地在法律条文中钻空子，从而逃脱法律的制裁，对于那些家贫势弱被冤枉的普通百姓却没有任何好处。只有像郑昌所倡导的那样，果断删定确立统一的法律条文之后不再随意变更，这样才能在上由君王一人制定法令，而天下酷吏的残暴行为和贪官公然受贿的行为等弊端才能被禁绝。这就是郑昌的主张之所以成为良好刑法准则。

法律的设立是有限的，而人们触犯法律的情形却是无限的，用有限的法律去惩治无限的违法行为，确实是难以完备。于是，法律之外就会有例案，例案之外还会有需要奏请天子明断的特令，这都是想要以此治理无穷的违法行为，使天下残暴之人弃恶从善。于是，法律之外的例案、条文就日益增加，还总担心它不够完备。古代圣明的先王也是用有限的法律来治理无限的违法行为的，难道他们就没有考虑到这一点吗？对于国家的蛀虫、民众痛恨的贼寇和有伤风化道德败坏的恶劣行为，严惩最严重的，按照这个原则制定法律条文就够了，就可以用来平息全天下的混乱了。至于那些预料之外的不法行为，社会上不经常出现，暂且不用列入法律条文，也可以姑且等这些罪恶发展得比较显著时予以严惩。先王不忍心以同生同长的百姓为对象，无端地想象种种不轨行为，预先设计好对付的措施。法律简明，刑罚就会公正清明；刑罚公正清明，罪恶行为就会被揭露；罪恶行为被揭露，民众就会有所畏惧、忌讳，这样就足够了。

古代贤明君主对民众的管理，是将百姓纳入各种规范准则，积极地消除无穷的不轨行为。尤其重要的是，首先要教化民众，爱护他们、培养他们，而不是仅仅依靠严刑峻法的惩治。即使想把法律制定得非常详细完备，但最终还是会有所舍弃。这并不是先王的智慧和思虑没有达到这种程度，而是等待后人加以增补。后世的一些儒生，极其厌恶那些不轨的罪恶行为，但又不了解古代贤王的做法，只是一味赞同申不害、韩非之辈以法治国的方法。这些愚昧的人们，只顾一时痛快发泄自己的愤怒，赞颂实行严刑峻法的英明，而不知道那些严峻的刑法也将会用在他们自己身上。唉呀！这是多么的可悲啊！

【今评】

汉宣帝不仅设立廷尉平，还亲力亲为，细致深入地裁决重要司法案件，史书称汉宣帝时期对各类刑罚案狱的判决堪称公平。汉宣帝解决执法不公问题的措施，似乎还是挺有效的。回顾历史，我们可以看到，郑昌提出删定律令，试图从根本上解决问题，在当时不仅是有胆识有勇气，还非常睿智。

王夫之认为，国家的法律，应该“斩然定律而不可移”，一旦制定，就应当严格遵守，坚持维护刑法的一贯性，不能因为某人、某事、某时而轻易改变。如汉宣帝那样的做法，必定带来定罪量刑的混乱，有权有势的奸诈之徒将会趁机贿赂狱吏以谋求减刑，狱吏们也将乘机从中渔利、颠倒黑白，真正含冤受屈的人却根本不可能受益。君王超越法制的所谓宽刑，只能滋生腐败、助长罪恶、败坏社会风气，而恰恰不能真正体现仁政。在法律条文之外的任何另设特例，只能为不法之徒增加作恶的机会。

王夫之的评论具有一定积极意义，特别是指出，制定不随意改动的律令，并不是专门为了惩戒民众；制定法律的终极目标是消弭罪恶，而法律刑罚并不是消弭罪恶的唯一手段；法家主张的严刑苛法这条老路不能走，而要从爱民角度出发，以教化为先，将惩治和预防结合起来，以有效减少犯罪现象、维护社会永治久安。

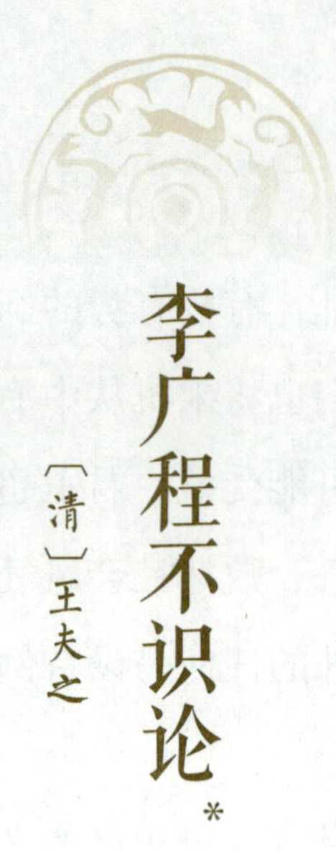

李广程不识论*

〔清〕王夫之

【作者简介】

见前。

【文中人物介绍】

李广，陇西成纪（今甘肃秦安县）人。汉文帝时，因攻打匈奴有功，升为中郎。汉景帝时，先后任北部边域七郡太守。汉武帝即位，召为未央宫卫尉。后任骁骑将军，领万余

* 本文节选自王夫之《读通鉴论·汉武帝》，题目为编者所加。

骑出雁门（今山西右玉县南）攻打匈奴，因众寡悬殊负伤被俘，佯死，伺机逃回。后任右北平郡太守。匈奴畏服，称之为“飞将军”，数年不敢来犯。元狩四年（前119年）漠北之战，李广任前将军，因迷失道路，未能参战，回朝后自杀。据《史记》载，李广深受士兵爱戴、同僚敬佩，敌人闻风丧胆，作战方面有着极高的个人天赋和灵活的战术，作为将军能与士兵同甘共苦。他的英勇和胆略让匈奴畏惧，但一生未能封侯。

程不识，汉武帝时的名将，别称“不败将军”。担任雁门太守，长乐卫尉。镇守边疆，抗击匈奴，治军有方，军纪严明，生平未尝败绩。汉朝前期，特别是汉武帝时代，与李广齐名。

【题解】

王夫之读史、论史“取古人宗社之安危”“取古昔民情之利病”，往往选取那些影响到社稷安危的重大历史事件，分析古代关系到民生民意政策做法的利弊，其作用在于“鉴”，旨在为后人提供经验教训。王夫之认为，无论史实结局如何，都应该得到重视：“得可资，失亦可资也；同可资，异亦可资也。故治之所资，惟在一心，而史特其鉴也。”

本篇是王夫之《读通鉴论》卷三《汉武帝》的第五节，作者介绍了李广和程不识不同的带兵方法以及各自的效果，指出统率军队不止一种方法，统率将领的人必须兼采众长，不能一概而论。尤其是作为统率将领的君王，更应该注重实际，针对不同情况区分对待，这样才能治理好国家。

【原文】

太史公言："匈奴畏李广之略，士卒亦乐从广而苦程不识。"司马温公[①]则曰："效不识，虽无功犹不败；效李广，鲜不覆亡。"二者皆一偏之论也。以武定天下者，有将兵，有将将。为将者，有攻有守，有将众，有将寡。不识之正行伍，击刁斗[②]，治军簿，守兵之将也。广之简易，人人自便，攻兵之将也。束伍严整，斥堠[③]详密，将众之道也。刁斗不警，文书省约，将寡之道也。严谨以攻，则敌窥见其进止而无功。简易以守，则敌乘其罅隙而相薄。将众以简易，则指臂不相使而易溃。将寡以严谨，则拘牵自困而取败。故广与不识，各得其一长，而存乎将将者尔。将兵者不一术，将将者兼用之，非可一律论也。

人主，将将者也。大将者，将兵而兼将将者也。

三代而下，农不可为兵，则所将之兵，类非孝子顺孙，抑非简以驭之，使之乐从，固无以制其死命。则治军虽严，而必简易以为之本。非春秋、列国驰骤不出于畛轨，追奔不逾于疆域，赋农以充卒，夕解甲而旦相往来，可以准绳相纠，而但无疏漏即可固圉之比也。故严于守而简于攻，闲其纵而去其苦，有微权焉，此岂可奉一法以为衡而固执之哉？

班超以简，而制三十六国之命，子勇用之而威亦立。④ 诸葛孔明以严，而司马懿不敢攻，姜维师之而终以败。⑤ 古今异术，攻守异势，邻国与夷狄盗贼异敌。太史公之右广而左不识，为汉之出塞击匈奴言也。温公之论，其犹坐堂皇、持文墨以遥制阃外之见与！

【注释】

① 司马温公：指宋代政治家、史学家、文学家司马光，著有《资治通鉴》，去世后被追赠太师、温国公，谥号文正。

② 刁斗：古代行军用具，白天作炊具，晚上用来敲击巡更。

③ 斥堠：古代侦察兵，亦作斥候。

④ 班超，东汉时期著名军事家，史学家班彪之幼子，其长兄班固、妹班昭都是史学家。曾出击北匈奴，后出使西域，收复西域五十余国。班勇，班超少子，与其父一起收复西域，巩固了汉朝在西域的统治。

⑤ 诸葛亮治军严明，司马懿不敢进攻。蜀汉名将姜维效仿诸葛亮的治军之法却以失败告终。

【译文】

太史公司马迁说："匈奴害怕李广的谋略，士兵也愿意跟随李广，而认为跟着程不识是苦差事。"温公司马光却说："如果效仿程不识的做法，即使没有建立功勋也不至于失败；如果效仿李广的做法，那么很少有不败亡的。"两个人的说法都是片面的。用武力平定天下的，有人善于带兵，有人善于统将。做将军的，有的擅长进攻，有的擅长防守，有的能带大部队，有的能带小部队。程不识治军要求军队遵守严格的纪律，夜里敲打刁斗以提防敌人偷袭，把军事情况在记录簿上登记得十分详备清楚，这是善于防守的军队将领。李广治军简便易行，人人能自由行动，这是善于进攻的军队将领。约束部队纪律严明，侦察详细周密，这是统率大部队的法则；不敲刁斗不警戒，简省军中文书，这是统率小部队的法则。如果队伍整齐严谨地进攻，那么就会让敌方察觉到他们的动静而无功返回。如果简易松弛地防守，那么敌方就会利用他们的漏洞偷袭他们。统率大部队不从严要求，就会像手指不听臂膀使唤一样，因不听指挥而容易溃败。统率小部队用严谨的作风，就会因为受到约束和牵制，因陷入困境而遭受失败。所以，李广和程不识各有所长，然而胜败的关键在于统率将领的人。统率军队不止一种方法，统率将领的人必须兼采众长，灵活运用多种军事手段，不能一概而论。君主，是统率将领的人。大将，是统率军队又统率将领的人。

夏商周三代以后，农民不能当兵，这样，将领统率的士兵，大多不是孝顺子孙，如果不用宽简的方式驾驭他们，使得他们愿意听从命令，就根本没有办法让他们乐于以死报国。可见，治军虽严，却必须以宽简作为根本。这跟春秋战国时代大不相同，那时，骑马驾车不能超出界限，追逐奔跑不能越过疆界，召集农民充当士兵，晚上脱下军服而第二天早上原本属于敌我双方的人就可以相互往来，对坏人坏事可以依法纠正治理，只要没有疏漏就可与坚固的监狱相比。（时代不同了，治军的方法也应该有所不同。）所以，防守的军队必须严谨，进攻的军队可以宽简，限制士兵的放纵，但是不能让他们感到苦恼，其中自有奥妙，怎么能固执地总是按照某一种办法呢？

班超用宽简的方法制服了西域三十六国，他的儿子班勇仿效他的做法，也取得了威名。诸葛亮用严格的手段治军，因而司马懿不敢进攻，姜维仿效诸葛亮的做法而最终却遭到失败。古今方法不同，攻守形势不同，邻国、四方各族及盗贼为敌的情形也不相同。司马迁抬高李广而贬低程不识，是针对汉朝出塞攻打匈奴说的。司马光的说法，就好像以为高坐朝堂、持文弄墨能够遥控宫廷之外的见解啊！

【今评】

同为汉朝知名的将军，李广和程不识的带兵方法截然不同。李广训练部队讲究恩义结合，不重纪律重交情，军队没有固定的编制，骑兵部队机动性强，不拘一格，不讲究行军布阵，驻扎时人人自便，夜里也不安排士兵巡更，并不敲打着刁斗警卫营盘，只是远远派出监视敌军的侦查哨兵。李广以小部队突袭匈奴时，凭借个人勇武可以获胜，但是大兵团作战时常常战败。

相较于李广宽松的带兵模式，程不识带兵讲究组织管理，治军纪律严明。他的部队以步兵为主，行军速度往往很慢，但是步步为营，安营扎寨很有章法。凡是出征，全军上下一齐行动，前有侦察兵，左右有掩护，阵列之间互相照应。程不识从未让匈奴取胜，是汉朝没打过败仗的名将，但是也并没有建立过重大战功。程不识的带兵风格在汉朝曾延续过相当长一段时间。因为所有的指挥命令都是严格逐级下达的，谁也不能越级指挥，所以曾有“军中只闻将军令，不闻天子诏”的说法。

王夫之在文中介绍了李广和程不识的两种带兵之法，认为肯定一种的同时否定另一种做法，这是片面的；司马迁当时的评价，有其特定的历史背景，是片面的；司马光的评论，脱离了特定的语境，更是片面的。总而言之，任何时候都要根据实际情况确定带兵策略，而不能恪守一策。

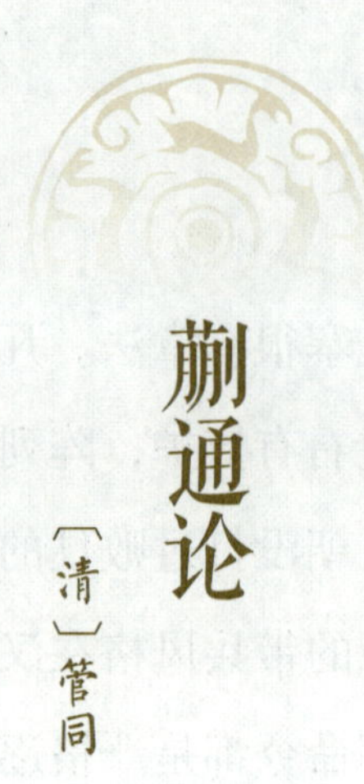

蒯通论

〔清〕管同

【作者简介】

管同（1780—1831 年），字异之，号育斋，江苏上元（今江苏南京）人。道光五年（1825 年）举人，家贫，不慕名利，终生未仕。姚鼐的著名弟子之一，得其真传，为桐城派后期的主要人物。管同著文多提倡封建伦理道德和忧伤时政之言，文风理精词洁，雄深浩达，姚鼐称其“得古人雄直气”。著有《因寄轩文集》《七经纪闻》等。

【文中人物介绍】

蒯通，秦汉汉初谋士，本名彻，司马迁写《史记》时为了避汉武帝讳而将蒯彻改称蒯通。蒯通作为策士，两次为韩信出谋划策。第一次献计，是劝说韩信攻打齐地。韩信奉刘邦命令进击齐地，与此同时，刘邦又派遣使者郦食其去劝说齐王田广归顺自己。经郦食其劝说，齐王同意归顺。韩信闻讯，就想停止向齐地进军。蒯通却劝韩信继续进击，于是韩信领兵攻打齐地。齐王发现韩信领兵攻打，以为上当，就将郦食其烹杀了。齐地最终被韩信占有。第二次献计，是劝说韩信不要再受刘邦制约，而要以齐地为根据地，去与刘、项两家三分天下，鼎足而立，进而征服天下。韩信犹豫不决，最终没有听从蒯通的劝告。蒯通佯装发狂做了巫师以求自保。刘邦建立汉朝之后，将韩信一贬再贬，最后借吕后之手将韩信杀了。韩信被斩之前说："吾悔不用蒯通之计。"刘邦抓住蒯通，蒯通辩白几句后逃脱了罪责。

韩信，西汉开国功臣。秦末大乱之际投奔项梁、项羽，未得重用。转投刘邦，被任为大将。他协助刘邦制定了还定三秦以夺天下的策略，先后平定魏国，击败代国、赵国、燕国、齐国，全歼二十万楚军，被刘邦封为齐王。汉朝建立后，被解除兵权，徙为楚王。后被人告发谋反，贬为淮阴侯，最终被吕后所杀。

【题解】

本文通过论述蒯通与韩信的关系这条主线，揭示蒯通为人的不仁不义以及其“利天下之危”的自私阴险心理。管同非常关注社会问题，他积极建言献策，希望迅速平定社会动乱；他批评当朝政治制度，指出专制政治发展到极端必然走向反面。他认为，社会局势衰颓的原因在于吏治，吏治败坏的原因是士人风气恶劣，而士人风气变坏则是从疏于道德教化开始的。所以，那些有着社会表率作用的士人群体的道德水准高低，对于社会而言至关重要。本文反映的正是管同这方面的思考。

【原文】

使韩信听蒯通之计，汉之为汉，诚未可知。虽然，吾不知通之所以劝信者果何为也。

夫秦自陈涉以来，俊雄豪杰，鱼鳞杂袭，飚至而云起。战斗所伤，寡人之妻，孤人之子，屠戮人之父母，民被其毒，甚于始皇二世。数年之间，并而归于刘、项。刘、项两雄，亟战乎荥阳、京、索间[①]，丁壮苦军旅，老弱罢转饷，使天下之民，肝脑涂地，父子暴骨于中野者，不可胜数。其为祸也，通又自言之矣。当是时，天下一日不平，则百姓一日被其毒，毒之去也，待乎刘、项雌雄之决。为蒯生者，宜教信以速灭项王之策，使四海之内晏然无复战斗之危，而民安其所，则所称天下士矣。知信之能安天下而教之以乱，听其计，成与败未可知，而于意究何所取乎？两虎斗中原，伤人无算，不足，又驱一虎继之，彼蒯生者，抑何其不仁也！

或曰：生非为天下者也，其意专于爱信而已。君子曰：蒯生岂爱信？吾观其意，大抵自为焉已耳。何以言之？当郦生伏轼说齐[②]，掉三寸舌，遂下七十余城，而通复说信以击之。破已服之国，不可谓仁；夺已成之功，不可谓智。内以丧其谋臣，外以劳其军旅，汉之疑信，自是始矣。使通诚爱信，不宜出此。盖自战国、秦、项以来，纵横捭阖之徒，无恒产而无恒心[③]，乘天下之有事，说人主出金玉锦绣以取卿相之尊。彼其人，皆利天下之危而不利其安；利天下之分，而不利其合也。蒯生承战国之风，见天下之将一，自度委质事汉，不过与陆贾、随何、郦生、平原君[④]等，故乐天下之瓜分，已得借以为资，而坐收其利。其始说信以击齐，是将败之于汉也。既而不成，则遂危言慄辞以触动之，必使其反而后已。其阴险叵测，盖虽高帝为其所欺，况其下焉者欤？

嗟呼！世所贵乎谋士者，为其能以排人之难也。高帝虽雄心猜忌，萧相国用召平、鲍生之计[⑤]，卒免其疑而脱于祸。使通诚爱信，则必思所以终全之矣。说之以三分，不听而遂无复计，是使世之为人谋者，必使臣子叛其君父，而非是则无以自全也。彼蒯生者，抑何其不义也！

【注释】

① 刘邦、项羽在荥阳一带打仗、相持不下。荥阳，战国时韩邑名。京，原春秋时郑邑名，故址在今河南荥阳县东南。索，即索亭，又称大索城，今河南荥阳县城。

② 郦生伏轼说齐：指郦食其奉刘邦之命前往齐国游说齐王田广归汉之事。齐王被说动，愿以七十余城归顺。后韩信攻打齐国，导致郦食其为齐王田广烹杀。郦食其，刘邦的谋士、辩客。伏轼，古人坐

车时俯身在轼上，以示敬意。

③ 无恒产而无恒心：出自《孟子·滕文公上》，“有恒产者有恒心，无恒产者无恒心”。意谓，没有固定的产业，也就没有人所常有的善良本心。

④ 陆贾，从刘邦定天下，常出使诸侯国为说客，官至太中大夫。随何，刘邦谋臣，说服淮南王英布归汉，后为护军中尉。平原君，即汉初谋臣朱建，曾为淮南王英布相，劝英布不要谋反，刘邦诛英布后，赐号平原君。

⑤ 萧相国用召平、鲍生之计：韩信死后，刘邦拜萧何为相国，加封食邑五千户。召平劝告萧何表示辞让，不接受封赏，再把自己的全部家财私产拿出来赞助军需，以免受刘邦猜疑。萧何听从了召平的计策，刘邦大喜而不疑萧何。鲍生劝萧何把自己的子孙兄弟送到刘邦前线军队去，以使刘邦更加信任萧何。萧何从之，刘邦大悦。

【译文】

假如韩信听从了蒯通三分天下的计谋，汉朝能否成为汉朝，实在不能确定。即便如此，我不明白蒯通劝韩信叛汉自立的原因究竟是什么。

秦朝自从陈涉发动农民起义以来，各地的英雄豪杰就像紧密排列的鱼鳞那样密集地涌现，像暴风和云层一样迅速聚集兴起。战争造成的伤亡惨重，无数妇女失去了丈夫，无数儿童失去了父亲，天下人的父母被杀害，百姓受到的灾难超过了秦始皇和秦二世时期。几年之间，各路豪杰互相吞并，最后的争斗归于刘邦、项羽。刘邦、项羽两位英雄在荥阳、京邑、索亭等地之间多次交战，青壮年备受行军作战之苦，年老体弱者为输送军粮而疲惫不堪，战争使得天下人民惨遭伤亡，父亲儿子的尸体相继抛露在田野之间，这样的情况数也数不清。刘邦、项羽之间的战争带来的祸害，蒯通自己也曾经讲过。那时候，天下只要一天不太平，百姓就要遭受一天的祸害，要根除祸害，只有等待刘邦、项羽决出胜负。作为蒯生，应当教给韩信迅速消灭项王的计策，这样才能使四海之内安定下来，不再发生战争，百姓才能安居乐业，那么他也就称得上为天下着想的士人。蒯通明明知道韩信能够安定天下，却教唆他去叛乱，韩信如果听从蒯通的计策，成功与失败还不可知，那么蒯通的用意究竟有什么可取之处呢？两只老虎在中原相争，伤害的人无法统计，却还觉得不够，又赶出一只老虎接着争斗厮杀。这个蒯生是多么不仁啊！

有人说，蒯生并不是为天下着想，他只是一心一意爱护韩信罢了。君子说：蒯生哪里是爱护韩信？我看他的用意，大概只是为了自己罢了。为什么这样说呢？当时郦生乘车前去游说齐王，他凭借三寸不烂之舌就说服齐王以七十余座城邑归顺刘邦，可是蒯通却又劝说韩信去攻打齐地。击破已经表示归顺的诸侯国，不能认为是仁；抢夺他人已经成就的功劳，不能认为是智。对汉朝内部来说，韩信使汉丧失了谋臣郦生，在对外作战方面韩信又让汉之部队疲惫劳苦，汉朝怀疑韩信便由此开始了。假如蒯生真的爱护韩信，不应当提出这样的计策。自从战国、秦朝以及项羽号令天下以来，那些谈纵论横游说诸侯的应变之徒，没有固定的产业也就没有安分的心态，他们趁天下发生战事，游说君主拿出财宝和绸缎供他们活动，以便他们去攫取卿相的高贵地位。那些人都是把天下危难当作自己的利益，而天下安定对他们没有好处；把天下分裂当作自己的利益，而天下统一对他们没有好处。蒯生继承战国时期策士的作风，看到天下将要统一，估量自己委身为汉朝服务，不过与陆贾、随何、郦生、朱建一类人地位相同，所以他乐意看到天下被诸侯瓜分，自己可以凭此为资本，以坐取私利。他最初劝说韩信攻打齐国，是要使韩信在汉朝丧失信义，事后又觉得并未得逞，于是就用危言耸听的说辞去打动韩信，一定要促使韩信反叛刘邦才肯罢休。蒯生的阴险伎俩是难以猜测的，就连汉高帝刘邦也被他欺骗了，何况智慧在刘邦之下的人呢？

唉呀！世人尊重谋士的原因，是因为他们能为人君排解困难。汉高帝刘邦虽然心志雄大、善于猜忌，但是萧相国用召平、鲍生的计谋最终消除了刘邦对他的怀疑，从而脱离了灾祸。假使蒯通真正爱护韩信，就一定会考虑最终如何保全韩信的计谋的。蒯通却用三分天下的策略劝说韩信，韩信不听从他，就再不提供其他计谋了，这样是教世上那些做谋士的人一定要去劝为人臣、为人子者反叛其君、其父，让他们觉得假如不这样就自身难保了。这个蒯生，是多么不仁义啊！

【今评】

本文主要针对蒯通两次向韩信献计发表议论。蒯通了解刘邦，又充当韩信的谋士，为韩信出谋划策，管同却将蒯通归结为“不仁”“不义”，这种全盘否定未免失之偏颇。

在管同心中，蒯通应该做心系天下的“天下士”，也就是说，应该献计献策，让韩信迅速灭掉项羽，使天下安宁。可是，蒯通却劝说韩信背弃刘邦，自立为王，以成鼎足之势，再考虑灭掉刘邦和项羽，这将给天下百姓带来更大的灾难。于是得出第一个结论：蒯通不仁。蒯通献计让韩信攻占齐地，而此时刘邦本来已经让郦食其游说降服了齐地。韩信一举占领了齐地，又自立为“王”，坐实了“勇略震主”“功盖天下”，刘邦怀疑、担心、想除掉韩信的心意，也从这个时候开始了。使韩信“震主”“身危”的正是蒯通，这能说他是爱韩信吗？管同分析，蒯通只是为了自己，他估量自己在刘邦手下，只能是个普通的幕僚，地位最多也就跟陆贾、随何、郦生、朱建等差不多，所以希望韩信也加入战事，以便从中牟利，或许在韩信获胜为王时，能取得“卿相”的尊位。假如蒯通真为韩信着想，那就应该设法使他能保全性命，可是蒯通用三分天下之计游说韩信，没有被采纳就无计可施了，只给韩信留下了一个“身危”的处境，终于导致杀身之祸。由此推出第二个结论：蒯通不义。

为了否定蒯通，管同忽略了韩信本人的主观能动作用，这也是非常片面的。冷静客观地看，刘邦固然有对韩信“功高震主”的不满，但就韩信本人来说，也不是完全无辜的。韩信贪求功名利禄，又不能审时度势，在刘邦处境危难时提出分庭抗礼；他性格狂傲，道德水平也并不高，却偏偏沉迷于对刘邦的愚忠，又缺乏政治上应有的敏感，他不知道刘邦对他的好是笼络人心的权宜之计；他可能没有认真想过，刘邦待他再好，也不可能与他共分天下。一句“狡兔死，良狗烹；高鸟尽，良弓藏；敌国破，谋臣亡”的抱怨，一句“吾悔不用蒯通之计，乃为儿女子所诈，岂非天哉”的喟叹，却误导了多少人的惰性思维。

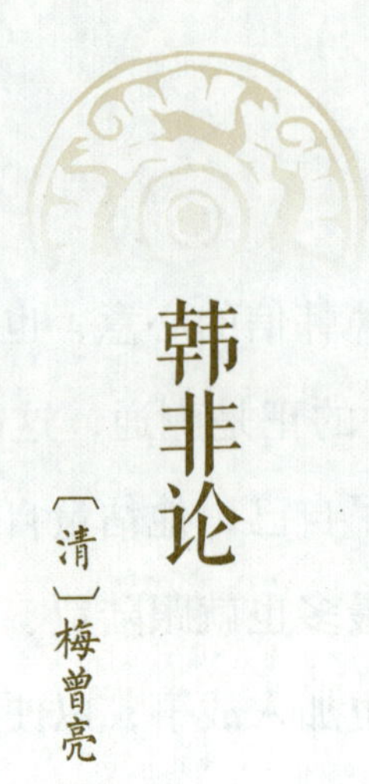

韩非论

〔清〕梅曾亮

【作者简介】

梅曾亮（1786—1856年），字伯言，江南上元（今江苏南京）人。道光二年（1822年）进士，官户部郎中，晚年告归，主讲扬州书院。早年好骈文，后来师从姚鼐，专攻古文。居京师二十余年，求教者络绎不绝，成为桐城派后期的重要作家。为文稍变桐城派义法，提倡“因时立言”，写“人之真”，兼学博取，文章风格雄健浑厚，穷极笔势。有《柏枧山房文集》等。

【文中人物介绍】

韩非（约前280—前233年），又称韩非子，战国末期政治家、谋士，法家代表人物。韩国贵族子弟。爱好刑名法术之学。他的学说的理论基础来源于黄帝和老子。韩非有口吃的缺陷，不善于讲话，却擅长于著书立说，写下了《孤愤》《五蠹》《内外储》《说难》等，洋洋十余万言。他和李斯都是荀卿的学生，李斯自认为学识比不上韩非。韩非的书传到秦国，秦王非常赞赏韩非的才华。韩非后受到李斯等人构陷而死。韩非集商鞅的“法”、申不害的“术”和慎到的“势”于一身，将辩证法、朴素唯物主义与法融为一体，他的学说被封建社会时期统治阶级用来作为治国的思想基础。

【题解】

韩非是战国末期著名谋士。他的《说难》，主旨是分析说客谋士进说君主的困难，论述其成功与失败的原因。告诫进说者要掌握君主的心理变化和客观情势，采用不同的策略和方法。秦始皇读到《说难》等文章，很重视韩非，邀他出使秦国，可是不久韩非遭李斯等人谄害死于狱中。梅曾亮认为，韩非写《说难》，是导致他自身被害的直接原因——揣摩君王心理并且随机应变，这种技术本来只能默默记在心里；而韩非却公开说出来，让君王知道有人想要把自己玩弄于股掌之上，哪个君王能够容忍？本文的立意是，士人要学老庄的遁世哲学，必须善藏其用。

【原文】

太史公谓韩非引绳墨、切事情[①]，悲其为《说难》，而不能自脱。嗟夫！非之为《说难》，非之所以死也。

今人君无贤智愚不肖，莫不欲制人而不制于人，测物而不为物所测。然卒为揣摩智士之所中，而不能脱其要领者，彼士也阴用其术，而主不知，故因势而抵其巇[②]。使知有人焉，玩吾于股掌之上，而吾莫之遁，虽无信臣左右之谗，其不能一日容之也决矣。

且古今著书立说之士，多出于功成之后者，不然，则无意于世以潜其身。今非方皇皇焉入世之网罗，独举世之所忌讳者，纵言之而使吾畏，亦可谓不善藏其用者矣。不然，非之术，固士阴挟以结主取济者，非独以发其覆[③]而为祸首，岂不悲哉！

吾观老子之书，以柔为刚，以予为取，处万物所不胜。而视天下不婴儿处女若，宜有难免于雄猜之世者。然则老子之不知所终④，其已知及此哉！

【注释】

① 太史公司马迁在《史记·老庄申韩列传》中称韩非“引绳墨，切事情，明是非”。

② 巇：罅隙，喻薄弱处。

③ 发其覆：揭开覆盖遮蔽之物，使其露出真相。典出《庄子·田子方》“微夫子之发吾覆也，吾不知天地之大全也。”

④ 老子之不知所终：据说老子见周朝日益衰微，便决心隐遁避世，写下著作后出关而去，没有人知道他究竟去了哪里。

【译文】

太史公司马迁说韩非能引述法规经典，切中事物的本质，又悲惜他明明知道游说很难，写下一篇《说难》，却终究因为游说君主而死在秦国。唉！韩非作《说难》，这就是韩非所以被杀的原因。

现在做君主的，不论是贤能明智，还是愚蠢不肖，哪个不想控制别人而不受别人控制，哪个不想揣测估量事物而自己不被揣测估量呢？终究还是被善于揣摩人心的说客谋士击中要害，逃不出他的圈套。那些谋士暗里用尽手段，君主觉察不到，所以就能顺势触及君主的弱点。假如君主知道有人把自己玩弄于股掌之上，又逃不出那人的圈套，那么即使没有亲信和权臣在左右进谗言，君主总有一天也会不能容忍他的存在，这是一定的。

古今凡是著书立说的人，大多是在功成名就以后才写书做文章的，要不是这样，就是对世事不感兴趣、在著作中隐藏自己的人。现在韩非正是堂堂皇皇走进时世的网罗中去，偏偏提出当世君主特别忌讳的问题，放肆地论说，让君主担心害怕，这也可算得上是不会藏起自己锋芒的人了。如果不是这样，说客谋士原本暗中用韩非的言论博得君主的欢心、取得君主的资助，而韩非偏偏揭示它的本质真相，结果反而遭受祸害，岂不是令人悲哀么？

我读老子的书，他主张用柔软的制服刚强的，想要获取，必先给予，处在万物战胜不了的位置。而韩非视天下之人不如婴儿幼辈，那么他难免遭到互相猜忌的世道的迫害了。由此看来，老子最终却不知去了什么地方，恐怕是他的睿智，早已料到这一步了吧？

【今评】

梅曾亮的《韩非论》侧重点在于：纵横家靠游说扬名获利，但同时也冒着极大的风险。梅曾亮所立，是韬晦之论。

那么，韩非到底为什么被杀?

战国法家的代表人物韩非，死在当时最为推崇法家思想的秦国，死在最为法家推崇的秦王嬴政手里，这太有讽刺意义了。韩非没有料到，他热衷打造的政治模式，正是杀死他的那个政治体制；他始终对君主权力有着坚定的信念，又正是君主权力置他于死地；他努力想要说服君主，而他却亲手建了一堵坚实的大墙，横亘于君主与臣民之间，令人无限感慨。这一点，韩非本人没有料到，梅曾亮也没有意识到。

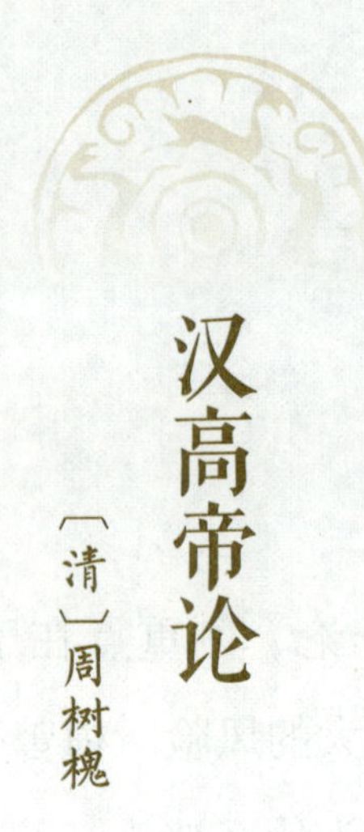

汉高帝论

〔清〕周树槐

【作者简介】

周树槐（1786—1858年），字星叔，号壮学子，湖南长沙人。嘉庆十三年（1808年）中举人，次年中进士。曾任山西沁源、江西吉水等县知县。道光十二年（1832年）辞官回乡。乡居期间，博览群籍，潜心撰述，著有《壮学斋文集》十二卷。

【文中人物介绍】

汉高帝，即刘邦，西汉开国皇帝。秦末陈胜起义，刘邦起兵响应，后与项羽共击秦，战胜项羽后称帝，统一天下，建立汉王朝。

丁公，即丁固（？—前202年），秦亡时为项羽手下部将。曾带兵在彭城（今江苏徐州）西攻打刘邦，应刘邦要求退兵。刘邦因此突围而去。刘邦称帝后，丁固求见，刘邦以“使项王失天下者丁公也”为由斩杀之，并告诫军中：“使后世为人臣者无效丁公！”

季布，项羽名将。曾数次围困刘邦。项羽败亡后，被汉高祖刘邦悬赏缉拿。夏侯婴为之说情，得到刘邦的特赦，被拜为郎中。汉惠帝时，官至中郎将。

项伯，战国末期楚国将门后裔，项羽的叔父。项梁拥立熊心为楚怀王，项伯担任楚国左尹，跟随项羽北上救赵，进入关中。因在鸿门宴上巧妙保护刘邦，汉朝建立后，项伯被赐姓刘氏，受封为射阳侯。

【题解】

本文将丁固和季布、项伯在刘邦得天下前后的经历和遭遇相比较，得出结论：刘邦杀丁固，并非出于公心，而是为了维护自己的尊严。周树槐剖析了刘邦处事之不公，从而揭露了其为人之狡诈。

【原文】

丁公为楚将，逐窘高帝彭城西。帝急顾曰：“两贤岂相厄哉？”丁公引而去之。及楚灭，丁公见。高帝斩以徇，曰：“后世毋效丁公。”

壮学子曰：丁公死晚矣！然谲哉，高帝乎？高帝曰：“使项王失天下者，丁公也。”丁公为项王臣不忠，然则为项王臣忠者，宜莫如季布。丁公已戮，而季布方购，高帝非能以公灭私者也。

然则高帝曷为斩丁公？曰：高帝之怨丁公，犹其怨季布尔矣。然而丁公斩，季布终赦者，季布数窘高帝，卒无害于高帝，自以为罪而逃亡，则非高帝之所甚恶也。丁公能窘高帝，能释高帝，自以为德而谒之，是则高帝之所甚耻也。不然，鸿门之役，使项王失天下者，项伯也，而封之，其有词于后世也哉？

【译文】

丁固身为楚国将领时，追击刘邦，将其逼到彭城西边。陷入困境的刘邦惊慌回头，急切地对丁固说：“你我两位贤明之士怎么能如此相逼呢？”丁固于是带兵离开了。楚国灭亡后，丁固去见刘邦。刘邦将丁固斩首示众，说：“后代的人不要学丁固。”

我认为，丁固死得太晚了！然而，刘邦的性格也太狡诈了吧？刘邦说：“让项羽失去天下的，是丁固。”丁固作为项羽的臣子，放走刘邦，是不忠的，然而效忠于项羽的大臣，谁也比不上季布。丁固被杀以后，刘邦又悬赏招降季布，刘邦不是一个能以公正之心铲除私念的人啊。

那么，刘邦为什么要杀丁固呢？我认为，刘邦怨恨丁固，就像他怨恨季布一样啊。然而丁公被杀、季布最终却被赦免，这是因为季布虽然屡次把刘邦逼入险境，但最终没有伤害刘邦，楚亡后季布自以为有罪而逃走，这就不是刘邦特别憎恶的人。丁固既能把刘邦逼入险境，又能放他走，还自以为对刘邦有恩惠而拜见他，这才是刘邦感到特别羞耻的地方。要不然的话，鸿门宴上，使得项羽失去天下的是项伯，刘邦却封赏项伯，他又怎么向后人解释呢？

【今评】

周树槐的一生，从其出生的乾隆末年到其文集编成的道光末年，是清王朝由盛而衰的转折时期，因此他对于历史的关注和研究，自然而然有着深沉的思考。统治阶级为争夺政权而杀人如麻，这种情形在历史上已成惯例，而本文却从丁固被杀这件事入手，将丁固被斩与同样曾困窘汉高帝却被赦免的季布相比较，再与同样曾背叛项王而受封赏的项伯相比较，层层剥笋，揭露了汉高祖刘邦极端自私的心理和诡谲手段：杀人，是因为帝王的尊严损害不得；杀了人，还要找出冠冕堂皇的理由蒙蔽视听。文章鞭辟入里，深刻而有独见。

主要参考文献

① 〔汉〕司马迁:《史记》,〔宋〕裴骃集解,〔唐〕司马贞索隐,〔唐〕张守节正义,中华书局 2013 年版。

② 〔汉〕班固:《汉书》,〔唐〕颜师古注,中华书局 1962 年版。

③ 〔明〕方孝孺:《逊志斋集》,徐光大点校,宁波出版社 2000 年版。

④ 〔清〕王夫之:《读通鉴论》,伊力译,团结出版社 2018 年版。

⑤ 〔清〕顾炎武:《顾亭林诗文集》,中华书局 2008 年版。

⑥ 〔清〕吴楚材、吴调侯编:《古文观止》,钟基、李先银、王身钢译注,中华书局 2011 年版。

⑦ 〔清〕吴楚材编:《古文观止正续全编》,李凭注译,中国发展出版社 1999 年版。

⑧ 〔清〕董诰等编:《全唐文》,上海古籍出版社 1990 年版。

⑨ 柳诒徵:《国史要义》,商务印书馆 2011 年版。

⑩ 曾枣庄、刘琳主编:《全宋文》,上海辞书出版社、安

徽教育出版社2006年版。

⑪ 何香久主编:《中国历代名家散文大系》,人民日报出版社1999年版。

后记

古语曰："以铜为鉴，可正衣冠；以古为鉴，可知兴替；以人为鉴，可明得失。"党建读物出版社策划这个选题，旨在透过古代先贤品评历史人物功过是非的文章，挖掘其历史智慧和人文精神，以期为读者提供有益启示。

本书收录的古代先贤评议历史人物的史论，叙写人物生平事迹，评论人物功过得失，追根究底，剖析根源，有的直抒胸臆、指斥现实，有的针砭时弊、借题发挥，往往发人之所未见，启人之未所思。

这些古代先贤往往胸怀治国平天下的宏图大愿，认真追究前代君王将相乃至志士仁人的功过得失，将自己的思考记录下来，其中的思想和智慧至今仍闪耀着光辉。他们著作颇丰，本书收录的二十五篇文章只是九牛一毛。捧读之后，我们能感受到他们热血奔涌的激愤，能体味到他们苦思冥想的专注，能想象到他们援笔疾书的艰辛，能体会到他们匡时救世的婆心。与此同时，今天的我们当然也能洞察他们和他们所处时代的局限。

为便于读者阅读和理解先贤所论历史人物功过得失，在整理文献材料过程中，我们对篇幅过长的史论作了删节，重点选取其中叙写人物事迹、品评人物得失的内容，对个别单纯叙述史实或摘录文学作品、与主旨关系不大的内容予以删减。

本书的出版得到了党建读物出版社领导和编辑的大力支持，他们对本书的编写体例、结构框架、篇目选择等方面提出了许多宝贵的建设性意见，在我写作的全过程都给予热切关怀，为本书的出版付出了辛勤劳动，在此，向他们表示衷心感谢！

由于本人学术水平有限，书中译注和评点难免有疏漏和不当之处，敬请读者批评指正。

作　者

2023 年 5 月

图书在版编目（CIP）数据

得失：古代先贤论历史人物 / 韩希明译著 . — 北京：党建读物出版社，2023.5

ISBN 978-7-5099-1505-9

Ⅰ. ①得…　Ⅱ. ①韩…　Ⅲ. ①历史人物—生平事迹—中国—古代—干部教育—学习参考资料　Ⅳ. ① K820.2

中国版本图书馆 CIP 数据核字（2022）第 189556 号

得失
DESHI
古代先贤论历史人物
韩希明　译著

责任编辑：朱瑞婷
责任校对：张学民
封面设计：林胜利
出版发行：党建读物出版社
地　　址：北京市西城区西长安街 80 号东楼（邮编：100815）
网　　址：http: // www. djcb71. com
电　　话：010 – 58589989 / 9947
经　　销：新华书店
印　　刷：北京盛通印刷股份有限公司
2023 年 5 月第 1 版　2023 年 5 月第 1 次印刷
710 毫米 ×1000 毫米　16 开本　16 印张　130 千字
ISBN 978-7-5099-1505-9　定价：38.00 元